LÉON MAILLARD

L'œuvre

de

AUGUSTE BOULARD

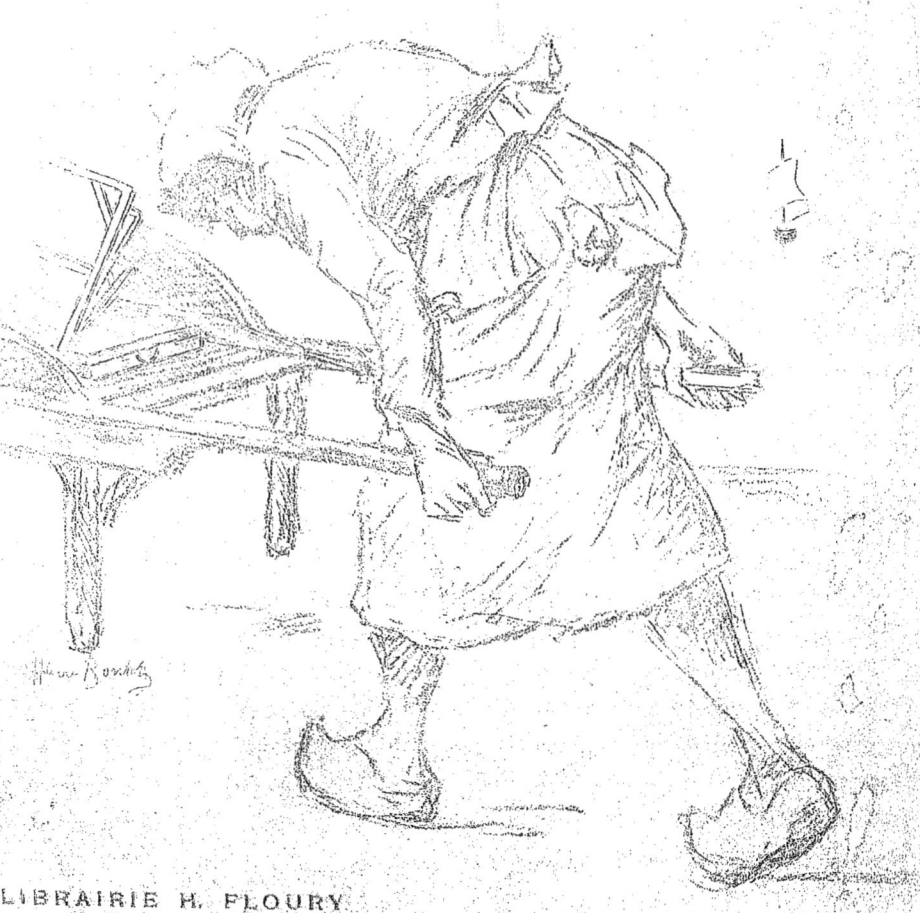

LIBRAIRIE H. FLOURY

1, BOULEVARD DES CAPUCINES, 1

L'œuvre

de

Auguste Boulard

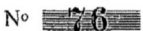

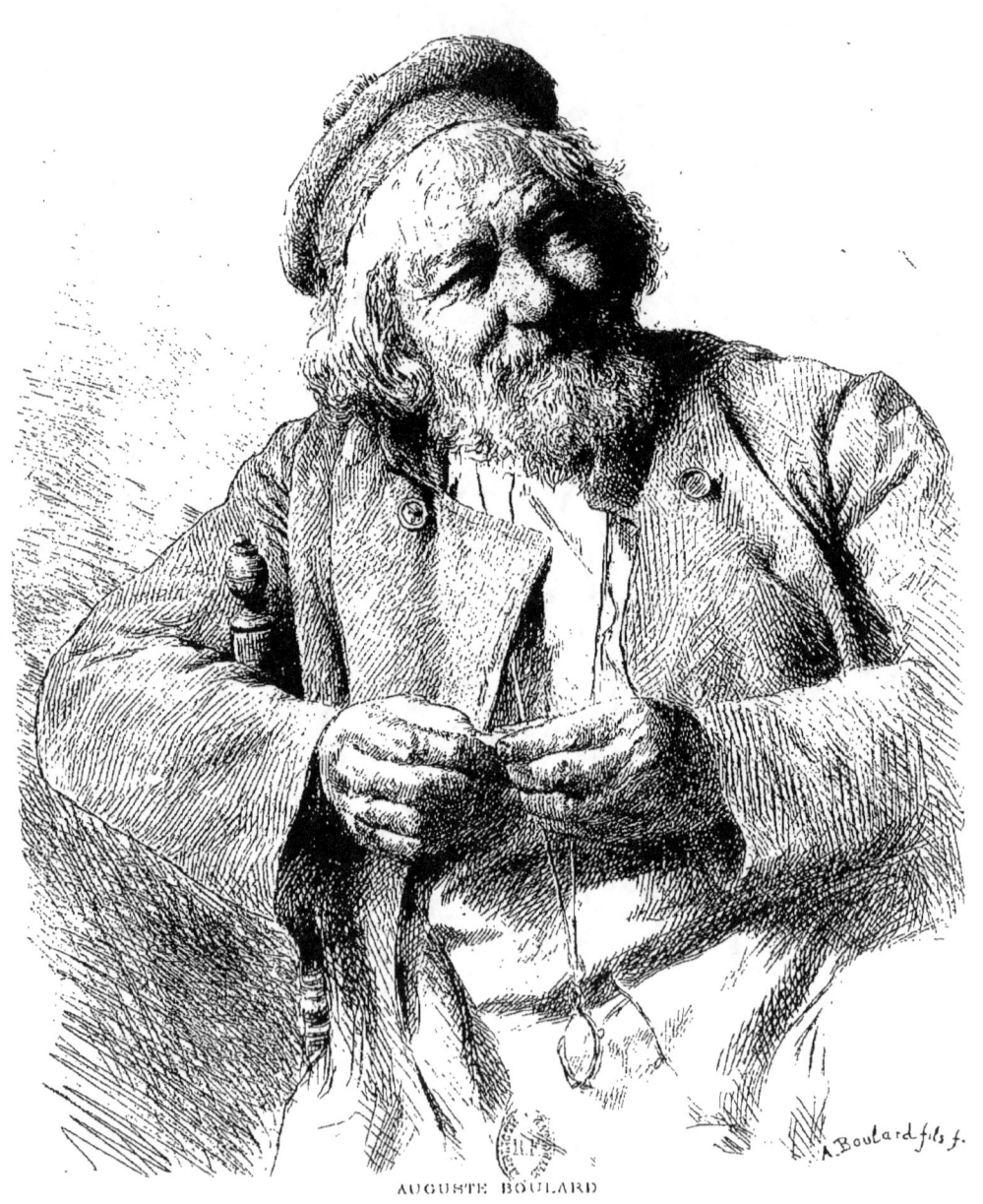

AUGUSTE BOULARD

LÉON MAILLARD

L'œuvre

de

Auguste Boulard

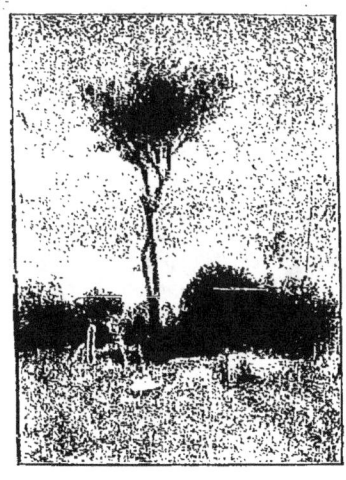

PARIS

H. FLOURY, LIBRAIRE-ÉDITEUR

1, BOULEVARD DES CAPUCINES, 1

1896

ONT COLLABORÉ A CE LIVRE

MM. ARENTS.

AUG. BOULARD, graveur à l'eau-forte.

H. BOUTET, graveur à la pointe-sèche.

CH. COURTRY, graveur à l'eau-forte.

L. DELTEIL, graveur à l'eau-forte.

CL. FAIVRE, graveur à l'eau-forte.

H. LEFORT, graveur à l'eau-forte.

LUNOIS, lithographe

Ces notables artistes qui m'ont accordé leur collaboration sympathique, l'ont apportée, en hommage, à un peintre supérieur, dont ils admirent la puissance et la modestie.

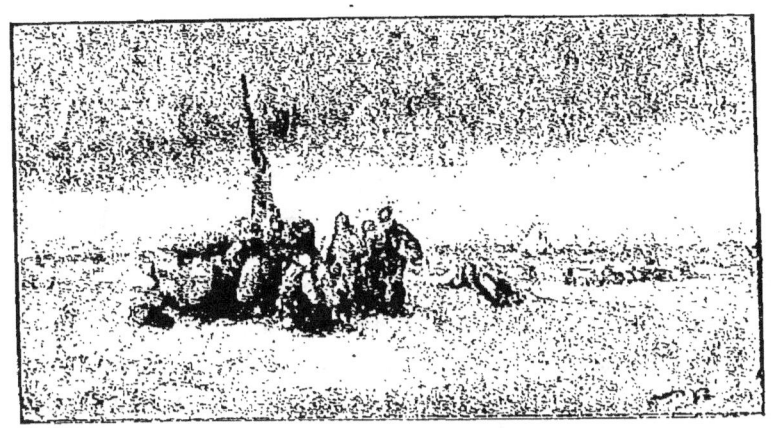

INTRODUCTION

Les merveilleux tableaux d'Auguste Boulard sont admirés de quelques tendres curieux, que le hasard ou la douce rencontre d'une affection ont mis en présence de ces chefs-d'œuvre ignorés de la peinture contemporaine. Et cette ignorance où l'on est d'une œuvre très diverse, et toujours supérieure dans ses multiples affirmations, ne peut vraiment pas servir à montrer l'inutilité de la critique et le mauvais goût des collectionneurs, car cette ombre discrète, couvrant de son obscurité un grand peintre, est due presque complètement à sa propre ténacité d'isolement : il recherchait ce calme volontaire, et il en a entouré cinquante années de belle probité d'art et d'infatigable labeur.

Mais la volonté humaine, même la volonté d'un peintre, est limitée par tous les accidents de la vie. Et cette existence, qui voulait être solitaire, devient publique, et l'on en cherche les faits et les œuvres. Même, autrefois, la retraite fut troublée par les connaisseurs que rien n'arrête; par les visites cordiales de ceux qui combattaient ce mépris de la notoriété: c'était à eux, certes, que le tort était infligé; par des amateurs, chercheurs de sensations inconnues, et surtout par ces émérites acheteurs américains, grands tentateurs de l'occasion propice. Mécènes, dont le flair inemployé depuis la guerre des Prairies, suit les chefs-d'œuvre à la piste, attendant, impassibles, la révélation pour accorder aux collectionneurs du vieux continent, aux mêmes prix que pour les Corot, les Millet et les Dupré, les splendides portraits, les paysages magnifiques, et les compositions adorables d'un artiste si pénétré de l'excellence de son art qu'il n'avait jamais pris la peine de sacrifier, à la consécration, les moindres parcelles de son temps.

Et cette notoriété qu'il avait fui, elle vient à lui; de toutes parts elle s'affirme autour de son nom. Et voilà que ce créateur de formes caractéristiques, ce possesseur du clair-obscur, cet amoureux de la composition lumineuse, ce maître de la couleur est arraché à la retraite qu'il avait ornée; on pénètre, sans timidité, dans les tranquilles joies d'observations et de productions qu'il s'était réservées; et tous les yeux, des yeux non choisis, des yeux autres que les siens, vont vivre de toutes les belles choses qu'il avait puisées dans l'immensité de la Nature, et qu'il avait pieusement déposées dans le réseau de clarté de sa peinture.

A quoi lui a servi d'ignorer les Salons, de se renfermer en son logis de l'Ile-Saint-Louis, de fuir Paris vers une plage inconnue de Picardie, ou de se terrer près de ses vieux amis Daumier et Dupré, en quelque coin de l'Isle-Adam, s'il n'a pu éviter cet instant suprême où il sera forcé de sourire à la Gloire, car c'est elle qui le vient prendre par la main, et qui impose son nom, comme son œuvre.

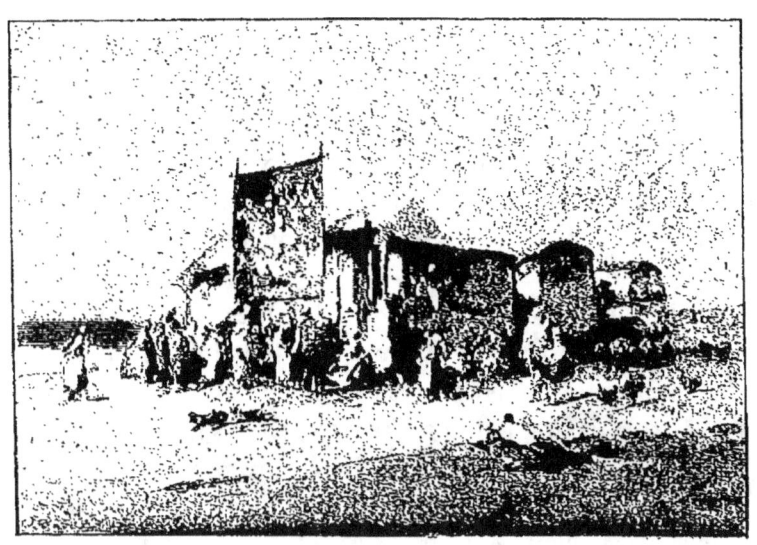

LE PEINTRE

Le quai d'Anjou est un des plus déserts de Paris, et il est la voie la moins fréquentée de l'Ile-Saint-Louis, si en dehors elle-même de la circulation active du Paris moderne. Maintes personnes n'en pourraient donner une topographie exacte, bien qu'il mire dans les eaux si calmes de la Seine, ensommeillées par la barre de l'estacade, des toits aigus, des reflets de nobles façades et des silhouettes d'arbres qui se balancent avec majesté, ainsi qu'il convient devant des hôtels à révérences. Les passionnés du silence, ceux qui aiment les belles ordonnances de maisons, connaissent ces pierres dorées d'un dernier reflet royal, et n'ignorent pas les noms des gens d'épée et des présidents qui les firent édifier. Maintenant, une dernière aristocratie y a cherché un refuge, et c'est sous ces hauts lambris que se rencontrent de valables artistes, amoureux de la grande cité, mais voulant goûter sur place la douceur de l'éloignement. N'est-ce pas à ces préoccupations qu'obéissaient les hôtes de l'hôtel Pimodan ? et Gautier, et Baudelaire conservèrent toujours une image charmante de leur séjour en cette thébaïde.

C'est justement tout proche de l'hôtel Lausun, — l'hôtel Pimodan — à la porte précédente, que le peintre Boulard a fixé son atelier. Une porte avec une indication à la craie : vous entrez. Puis une petite porte vitrée; vous frappez, on ne vient pas à vous, alors vous allez plus avant, et vous êtes seul dans une longue salle, avec, au fond, une grande baie grillée qui vous attire. Tout autour de vous des chevalets chargés de peintures. Vous avancez encore, et vous vous rencontrez avec un haut vieillard, très ferme, très fort, de grand aspect, aux beaux cheveux blancs, à la barbe frisée, qui se tient droit au seuil de la pièce voisine, où il travaille assidûment.

Puis d'une allure studieuse, comme s'il n'avait pas été interrompu, il met à son œuvre la nuance, ou la teinte, ou la simple touche à laquelle il songeait, et qui s'ajoute, en place, sans marquer sa nouveauté d'accent.

Cette seconde pièce qui est l'atelier véritable, est très éclairée, de ce jour recherché qui vient du nord et de l'est, mais le soir elle est striée de l'ombre portée des arbres du quai. A quelque moment de la journée que l'on y pénètre, l'artiste travaille à son chevalet, jetant parfois un regard attentif sur les nombreuses toiles qui garnissent les murs, et roulant alors une cigarette pour s'occuper les doigts, et il se remet à la tâche. Dans cette tranquillité pensive du travail, à peine marqué par une inflexion du corps, la figure du peintre, presque nimbée, se détache très fière, très vivante, un sourire florissant la barbe, un éclair se jouant sous la paupière plissée, et l'œil s'ouvrant brusquement, chargé de pensée et de vouloir, afin de saisir sur la toile l'expression de sa pas-

sion et de sa volonté, et la main, très fermement modelée,
tient le pinceau qui paraît se poser de lui-même d'un geste
souple et cadencé. Ainsi, assis, sans présentation, sans recherche de toilette; le plus souvent il est vêtu d'un costume
bleu foncé, tel qu'en portent les gens de mer, l'homme ap-
paraît ce qu'il est, robuste, maître de lui, et touchant à peine
au seuil de la maturité. Pourtant cette robustesse et cette
vigueur qui éclatent en lui, il eût pu les perdre depuis de
longues années, suivant la loi ordinaire, mais il semble que
par un unique privilège, toute la force se récupère en ceux
qui en ont été prodigues, et que le temps ne veuille pas peser
sur les énergiques qui, certains de la durée de leur effort, lui
ont consacré leurs moindres instants : Auguste Boulard est
né à Paris en 1827, rue Saint-Antoine, tout près de l'église
Saint-Paul, et depuis l'âge de quinze ans, il n'a pas cessé
de peindre.

Il peut, sans crainte, montrer ses premières études, elles
ont une saveur et une conscience qui les rendent exquises à
regarder, même près de ses œuvres de sa manière actuelle,
qui date pourtant de trente ans déjà, arrivée à une clarté, à
une fusion de lumière et de tons, qui les font étudier à l'égal
de pièces définitives, sorties d'un musée choisi. Et n'est-ce
pas une galerie de choix que cette œuvre, tant défendue
contre le regard, composée de plus de mille peintures d'une
haute valeur, dont toutes les pièces s'enchaînent, se soudent,
se succèdent, sans nulle monotonie pour l'observateur par
des affinités de couleur, rappels lumineux d'une sûreté for-
melle, par des affirmations de conquête. Et la variété du
choix des sujets, et la franche sincérité d'allures des personnages, et l'unité de la méthode d'exposition et sa clarté
d'entente, et la souplesse d'exécution, et la véritable richesse
du coloris, somptueuse autant que simple, se retrouvent
avec la même grâce, avec la même certitude de beauté dans
des paysages et dans des portraits.

Portraits d'homme à la large attaque de la pâte renfermant dans le broiement et l'éclairage des tons toute la virilité de ceux qu'il a fixés dans des teintes ineffaçables ; portraits de mignons enfants, d'une pose princière, adorables maîtres de l'âge futur, tant ils occupent souverainement l'étendue de leur cadre ; portraits de femmes, figures de merveilleuse distinction et d'amoureuse science, inoubliables chefs-d'œuvre dont les traits ne peuvent plus s'éluder des mémoires qui les ont entrevus.

Paysages où les coteaux et les champs morcellent la divine lumière ; paysages où les arbres se penchent, fraternels, sur les vieux sentiers meurtris des pas humains ; paysages de verdure accueillants, aux tendres clartés filtrant dans les feuillages ; paysages de coins rustiques où le soleil réchauffe les maisons couvertes de chaume, et rompt la ligne brutale des murs, des étables, et des fermes. — Paysages où l'on sent, dans la transparence ouatée de l'horizon, la mer prochaine. Compositions maritimes où de nobles et puissantes créatures s'affirment dans la majesté de leurs lignes, lignes mêmes de la Nature ; vagues qui chantent sous les nuages bas, lames qui montrent leur déferlement pervers et titanesque sous les étincellements des jeux du ciel. Mais tout cela est encore du portrait, du portrait de l'infini, voilà tout, car il se dégage de cette rencontre picturale des accidents lumineux et des formes matérielles cette phase intelligible de l'âme universelle que seul le véritable artiste sait entrevoir, scruter et traduire. — Quel est donc le portrait valable ? celui qui résiste à l'oubli, où ne s'est pas exprimée cette volonté intérieure qui est tout le personnage, qui en éclaire et en explique les contours et en frappe l'unique physionomie ; cette volonté personnelle, marquant l'œuvre d'une manière durable, n'est qu'un atome de toutes les volontés éparses dans l'étendue, et qui se concrétisent dans le paysage.

Et n'y a-t-il pas dans ces deux possessions de la peinture dont on voulut faire deux genres, et qu'Auguste Boulard ramène à l'unité dans son œuvre, une union réelle, absolue même, procédant d'une compréhension plus générale de la vie et des forces qui y concourent? Cela paraît manifeste, surtout après les travaux des novateurs de l'école moderne, dont la plupart n'ont pas su se dégager assez de l'aspect théorique, ils sont bien des savants, mais pas encore des peintres; ce que furent avant tout les grands maîtres de l'École Romantique. Ce sont eux qui ont découvert les motifs puissants qui régissent la peinture, et pourtant aucun d'eux ne fit semblable au travail d'autrui. Ce sont eux qui ont affirmé de leur génie les lois de la signification et du rapport des tons colorés, les vibrations de l'atmosphère, la perspective aérienne, et surtout, surtout l'application de la *valeur*, cette gamme chromatique de la lumière.

Méthode que l'on voulut d'abord ne croire applicable qu'à la notation réelle de la nature rustique, mais dont l'ardeur de ses protagonistes fit si bien éclater l'universalité du principe que l'on fut forcé d'en reconnaître l'usage dans toutes les œuvres durables léguées par les générations précédentes; bien que ces auteurs anciens l'eussent employée, d'eux-mêmes, avant que, pour ainsi dire, cette loi fût démontrée et admise. Dans les œuvres anciennes, le paysage, virtuellement condamné par le dogme, comme un retour païen au culte des beautés naturelles, ne se rencontrait guère que dans les naïves images des enlumineurs, chez quelques artistes supérieurs à la convention rituelle, mais qui le subordonnaient encore à la signification d'une figure principale; et ensuite chez les Flamands et les Hollandais si flattés des douceurs transparentes de leur ciel gris, si emportés par la joie de vivre, qu'ils eurent la prescience des lois certaine de la peinture.

Cette chose défendue, ce péché sans doute, qu'était le

paysage ne pouvait que tenter ceux qui ne s'y abandonnaient pas, et le divin Léonard en était si épris, si conquis, comme de toutes les manifestations de la nature d'ailleurs qu'il recommandait à ses élèves d'étudier l'inflexion des mornes pierres sur le sol, l'assemblage des arbres, et d'en rapprocher les formes et l'action de celles des hommes ; son rôle ne se bornait pas là, ne leur conseillait-il pas de scruter les nuages qui passent, afin de surprendre l'harmonie de l'énorme décor universel? S'il n'osait pas rompre totalement avec les idées reçues, dont forcément un grand nombre lui paraissaient indispensables, du moins forçait-il l'application de ses recherches personnelles, si impérieuses qu'elles donnaient une direction nouvelle à l'esprit contemporain. Aussi ses créations éternelles reflètent-elles toute la majesté et tout le mystère de la nature dont il n'avait voulu dire que la profonde possession, sans en montrer la constante observation. Et c'est pour un motif analogue que tant d'œuvres d'autrefois, en dehors de la beauté de l'exécution, en dehors de la magie des siècles, nous frappent par la surabondance des sensations qu'elles procurent : elles résument non seulement une masse de compréhensions directes, mais elles débordent des irréalisations de choses traduisibles : possibilités dont ils s'étaient refusés l'appropriation. Ceci ne peut être dénié, étant donnés leur parfaite application technique, leur talent supérieur, leur hauteur de vue, mais ils étaient la conséquence des conditions de l'existence de leur société, comme elle, ils rapportaient tout à la perfection de l'homme, création préférée, créature parfaite, propre image de la Divinité; le retour aux canons antiques ne fit qu'ajouter à cette vérité acceptée, l'image de la divinité tirant son unique beauté de la plastique humaine. Peut-être cette existence commune de deux cultes contradictoires eut-elle sur la direction d'esprit d'artistes, dont la plupart étaient religieux et appliqués aux pratiques de leur croyance, une particulière influence de

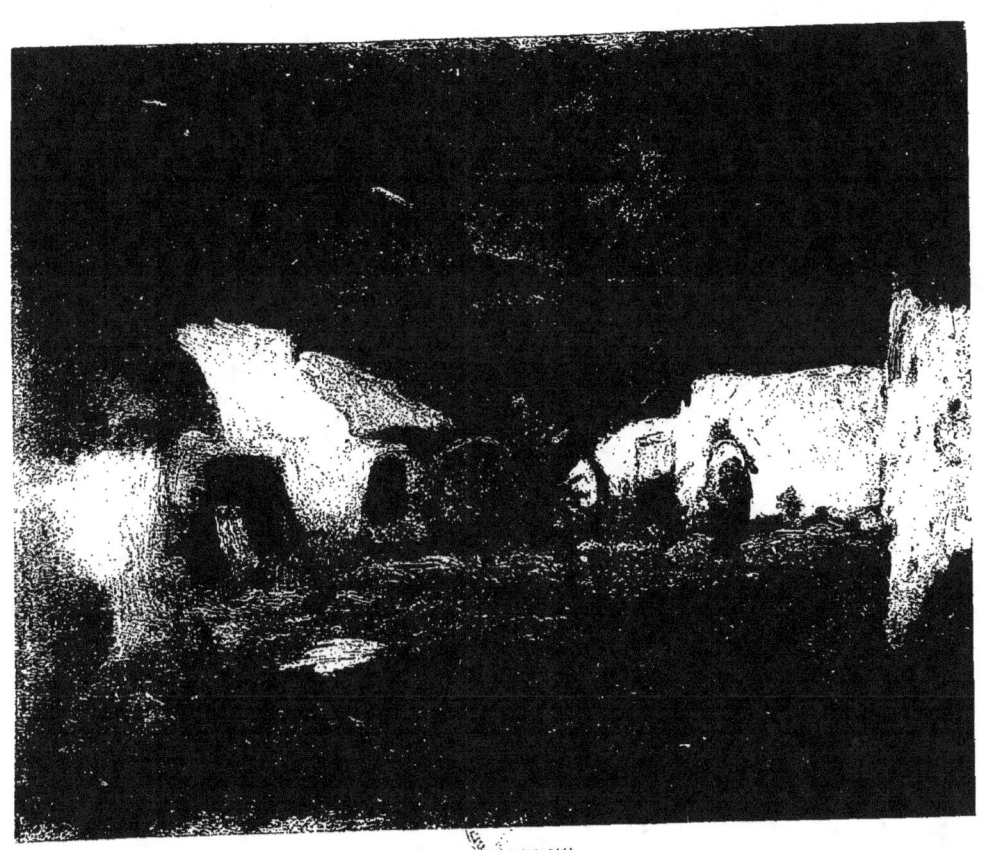

COUR DE FERME

doute, et les mit-elle dans la nécessité, pour alléger leur conscience, de rapprocher leurs études des scènes de la famille
qui les environnait, et, de là, eurent-ils la notion de la grandeur de la Nature.

Aussi, une connaissance plus exacte des liens et des recherches de tous les peintres à travers le temps a-t-elle
amené l'opinion à rendre, aux coloristes issus de Delacroix
et de Corot, une justice qui les met au rang de leurs prédécesseurs les plus renommés; et cette glorification a notam-
ment aidé à faire comprendre qu'il n'y avait pas de genre
plus ou moins noble, et que la constante application de ces
élus à surprendre les éclatantes variations du champ de la
lumière n'avait pu diminuer aucune prérogative de leur art.

Ils étaient, et eux plus véritablement que les autres, des
peintres, soumis comme les autres peintres à une ardente
conception; et ils avaient, devant l'immensité de leur désir,
toute la peine et toute la joie d'en rassembler les éléments
épars en une synthèse de beauté et de perfection, éléments
fugitifs qui se dérobent aux yeux ordinaires.

Auguste Boulard connut ces admirables ouvriers, il se
pénétra, sous leur amicale férule, de l'application des lois qui
régissent l'harmonie des couleurs, qui distribuent les fais-
ceaux lumineux en formes, en clartés et en ombres, cet
amoindrissement transitoire de la plénitude du rayon; lois
essentielles, directrices de tous les genres, qui n'en opposent
aucun, pourvu que, quelle qu'en soit l'application, il s'en dégage le sens aigu des révélations esthétiques de la matière
domptée. C'est à ce résultat, grâce à la parfaite connaissance
des méthodes de Corot, de Delacroix et de Dupré, qu'est arrivé Auguste Boulard, parce qu'il admirait le génie qui devait l'éclairer.

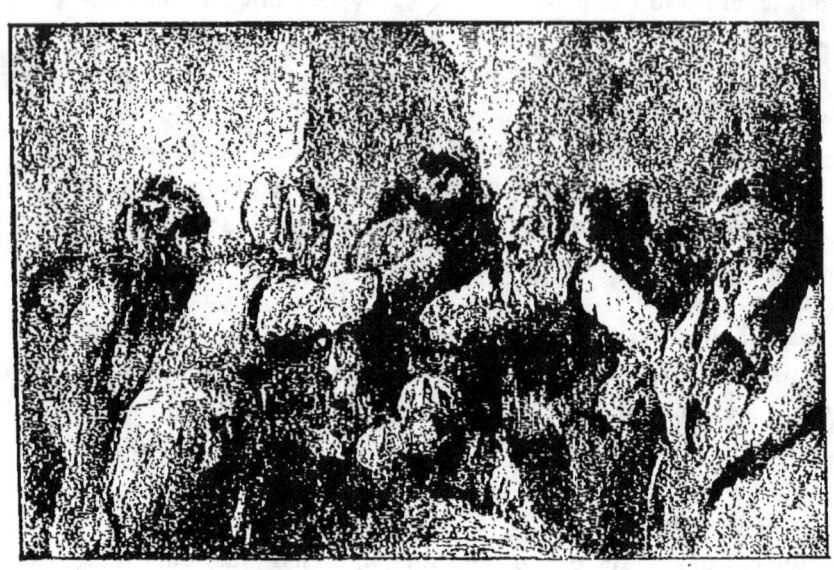

LES DÉBUTS

Avec cette fougue propre à la quinzième année, Auguste Boulard se sent possédé du désir d'être peintre, et ce désir, cette volonté le soutiennent dans l'âpre connaissance des arts du dessin. Il veut justifier de sa vocation, et le prouve de telle manière qu'il lui est permis d'aller étudier chez le peintre Léon Cogniet, éducateur recherché, dont l'atelier fameux, parmi les plus fameux, est fréquenté par une jeunesse remuante, avide d'honneurs futurs, volontaire et bruyante, toute portée à se croire maîtresse de l'art et de ses multiples propagandes. Ces imaginations se laissaient très peu percevoir, c'était l'opinion intime de ces talents, à peine marqués d'un signe extérieur, qu'ils étaient sûrs de leur marche ascendante, mais ce remuement d'idées créait une atmosphère vibrante où tous, ceux qui avaient la volonté comme ceux qui la reflétaient, s'échauffaient et arrivaient à une plus entière possession de l'enseignement supérieur qui leur était dévolu. Si Léon Cogniet fut un peintre estimable, sa peinture ne semble pas de nature à franchir le cercle des affections qu'il avait personnellement créées ; mais sa direction artistique fut des meilleures, n'ayant détourné personne de sa vie réelle, et elle est restée vivace et chère à presque tous ses élèves, arrivés à une situation assez enviable dans le mouvement des arts. Mais si discret, si affectueux qu'ait pu être ce contrôle des essais des débutants de l'atelier Cogniet, il semble que le jeune Boulard n'en soit pas particulièrement frappé, car malgré des marques d'attention indiquées à de nombreuses reprises, de sympathiques encouragements prodigués, il quitte cette pépinière célèbre, où il a pourtant passé trois années, car il se sent porté à d'autres études, et il les conçoit plus indépendantes, plus nombreuses, plus serrées, plus en rapport enfin avec les facultés confuses qu'il démêle mal en lui, mais qu'il sent y exister.

Des raisons de convenance le poussent à aller se fixer à Anvers, où il possède de la famille, et où il sait pouvoir travailler sur des sujets qui l'inquiètent. Qui sait si cette détermination, d'allure raisonnable, ne lui est pas venue à la suite des conversations folles de l'Atelier ? A ce moment l'influence de David, de Guérin, de Girodet est en totale décadence, et leurs noms sont le signal des huées et des sarcasmes. Ces cavaliers du pinceau respectent à peine l'Italie triomphante, mais ils sont portés d'enthousiasme vers les peintres du Nord, de l'Angleterre et de la Flandre, et le nom de Rembrandt s'impose comme le nom du seul possesseur des secrets de la lumière. Ce nom merveilleux revient d'autant plus dans les conversations de ce milieu d'élite, que par le hasard des mouvements et des échanges du commerce, nombre de ses planches originales sont venues s'échouer chez

les marchands d'estampes de Paris, et que ceux-ci font tirer
sur les cuivres des épreuves, peut-être trop dépouillées de ce
remarquable travail à la pointe sèche qui enveloppe les mor-
sures de l'eau-forte originale, mais encore, malgré leur qualité affaiblie, très faciles à placer, à bas prix, dans la jeunesse
des ateliers..Puis les légendes se colportent, et des vétérans
peuvent citer presque véridiquement toutes les toiles de Rembrandt, de Rubens, de Van Dyck, et de tous les grands
maîtres de l'art flamand, et de Velasquez qui les accompa-
gnait, qui ont été pendant vingt ans la gloire du Louvre. Les
souvenirs sont très abondants, les contrastes et les parallèles
s'imposent, étant données surtout les nombreuses gravures
au burin dont on peut s'inspirer pour reconstituer les œuvres
disparues avec leurs coloris et leurs charmes. Pour Rubens,
on peut encore, grâce à de puissantes protections, l'aller étudier au Palais-Médicis, en passant par le Petit-Luxembourg :
ceux qui ont vu la suite de *Marie de Médicis*, affirment
qu'elle est supérieure à toutes les saintetés dont on parle tant.

Le voilà à Anvers. Il habite place Verte, et sous ses yeux
se dresse l'image de bronze de ce Rubens, qui a peut-être été
le véritable inspirateur des sentiments filiaux qu'il a subitement ressentis pour des parents éloignés. Et tout près de
son héros, le dominant, la merveilleuse Notre-Dame, dont il
rêve, car des contreforts et des piliers jaillissent, parait-il, de
magiques tableaux, aux couleurs défiant les chutes des
pierres. Si ses ressources sont modestes, ses besoins maté-
riels ne sont pas considérables, sa chambre lui coûte vingt
francs par mois, et il travaille tout le jour au Musée. Il est en
pleine joie : il va enfin connaître d'une manière absolue les
grands maîtres qu'il n'a fait qu'entrevoir au Louvre, où ils
sont si dispersés, si appauvris des saignées de 1816 qu'il
semble que l'on ne puisse jamais reconstituer la puissance
d'un tel foyer rayonnant, ni ressentir les bienfaisants effluves
d'une telle constellation.

Et les maîtres bien-aimés lui donnèrent plus d'eux-mêmes que le jeune artiste ne le sut, alors qu'il était en leur présence.

Du centre d'action où il s'est fixé, il converge sur toutes les églises de la ville; donc, tout examen lui est facile, s'il a la pièce blanche qui ouvre en Belgique les sanctuaires les plus inabordables; et il est à proximité du cloître des Cordeliers, où le Musée est installé avec un soin pieux des gloires qu'il abrite. Combien y a-t-il de Rubens? et si les Van Dyck ne sont pas nombreux — il y en a six — ils sont de premier ordre, et ils dorent son délire d'acquisition d'une majesté si supérieure qu'il ne peut départager encore la place qu'ils occupent en lui. Aux moments où toute cette richesse trouble ses yeux adolescents, aux heures de repos, les jours de dimanche, la cathédrale lui ouvre ses portes toutes grandes, et pourvu qu'observateur très pieux, il entre avant la grand'messe, qu'il prenne une chaise en avant du chœur, et qu'il s'isole en une contemplation religieuse pendant la durée de l'office, il aura l'adorable vision de la *Descente de Croix*, toute fraîche, débarrassée de l'odieux rideau de serge, toute harmonique et toute parlante à son âme. De tout son être, il suit le culte dans l'effusion de la couleur, dans le charme de la composition, il communie avec la Vierge et admire sa robe blanche, il pardonne à Madeleine et trouve que le Christ fit bien de la toucher de ce léger effleurement charnel du pied sur sa robe verte, et il sent la puissance de l'Élévation aux reflets magnifiques des brocarts d'or et de la pourpre de Nicodème. Quand les fumées de l'encens se dissipent, son regard attendri se reporte sur la *Mise en Croix*, et là il a la farouche possession des chairs tourmentées.

Avec Notre-Dame, toutes les églises d'Anvers chantent un hosannah reconnaissant à Rubens, car toutes ont reçu de lui quelque don prodigieux, et toutes gardent une trace évidente de sa munificence : Saint-Paul a une *Flagellation;*

Saint-Augustin, *le Mariage de Sainte Catherine*, où un portrait merveilleux, puisqu'il est celui du Maître lui-même en Saint Georges, ajoute encore à la beauté de l'œuvre; Saint-Charles-Borromée est pour le débutant une nef de regrets, car sur cet emplacement s'élevait, jusqu'au moment de l'épouvantable incendie de 1718, l'église des Pères Jésuites, possédant trente-six plafonds, superbes merveilles dont les révérends se vantaient contre les autres paroisses, seule, la chapelle de la Vierge, entièrement dessinée par Rubens, survécut au désastre, et ajoute à la peine des chefs-d'œuvre disparus à jamais. Et aux Capucins, maintenant sous le vocable de Saint Antoine de Padoue, un admirable *Saint François* recevant l'Enfant Jésus des mains de sa mère.

Mais ces excursions le ramènent à cette maison qui l'attire et le retient. C'est au Musée, dont la logique ordonnance lui permet de suivre d'un coup d'œil, qui peut à son gré devenir un petit examen, la marche de son maître bien-aimé, Rubens. Il copie, avec ferveur, et à plusieurs reprises, *Le Christ entre les deux Larrons*, *l'Adoration des Mages*, *Sainte Thérèse délivrant Mendoza du Purgatoire*, *la Vierge au Perroquet*, *le Christ en croix*, *la Communion de Saint François d'Assise*, *la Sainte Trinité*, *les Rois Mages*, *l'Éducation de la Vierge*, *le Christ à la Paille*, *l'Incrédulité de Saint Thomas*, et cette si caractéristique *Descente de croix* où se retrouvent, dans les perfections d'une réduction admirablement originale, toutes les splendeurs du tryptique adorable de la cathédrale.

Les titres, le sujet et l'ensemble de ces œuvres lui étaient familiers, toutes avaient brillé à Paris sous l'Empire, et elles étaient bien, et mieux, ce qui en avait été dit à l'atelier Cogniet; mais le coloris unique, triomphant, maître de l'œuvre, éclatait en lueurs inconnues, et c'étaient ces magnificences qu'il fallait s'approprier par une pieuse application.

Deux de ces chefs-d'œuvre, *le Coup de lance* et *le Christ à la Paille* le hantent, le préoccupent, et lui font abandonner sa persévérante conquête des autres toiles. Il les copiera. Il les recopiera. Il y reviendra sans cesse : la première, pour ce qu'elle contient des magistrales supériorités de Rubens, le tempérament, le coloris, le groupement, le rapprochement des sujets, dont chacun a causé tant de joie au peintre qu'il semble avoir voulu accorder à tous une existence personnelle, une importance semblable, omettant volontairement de créer entre eux un lien d'unité, réclamé par l'action commune ; — la seconde parce qu'elle lui donne entièrement et nettement le secret du travail de Rubens, les frottis sans souci de la teinte, les tons de chair clairs et lustrés, la demi-teinte noyée, et composée, de bleu d'outremer, la compensation en vermillon pour les reflets, une peinture légère et de premier coup sur un dessin peu consistant. Cette méthode, que Fromentin décrit d'une plume colère, est pourtant tout le mode de Rubens, et Auguste Boulard me paraît y avoir trouvé l'indication essentielle de son art.

Mais en cette année 1848, Auguste Boulard n'a pas de méthode personnelle, il copie parce qu'il aime la peinture de deux grands maîtres ; il les suit, mais il ne les a pas encore totalement compris. Près, tout près de Rubens, Van Dyck l'appelle, le retient, l'ensorcelle, et il se livre avec une fougue juvénile. Il admire Rubens, il a regardé Rembrandt, mais la distinction, le charme, l'unité, la noblesse, la persistante volonté, maîtresse des obstacles, qui peut faire dire à la couleur la direction imposée par la pensée : ces vérités, qui sont pour lui la nature même de Van Dyck, en font son véritable directeur de conscience. Le néophyte comprend alors que la peinture est une des faces de la philosophie humaine, qu'elle tient son rang dans la marche de l'histoire, et que tel détail de composition d'allure modeste, placé au second plan, donne au personnage son absolue signification, relativement à son temps. Et les reconstitutions et les pénétrations d'autrefois

vont fouiller, à travers la qualité d'exécution et la pureté.de
l'expression, la raison d'être des accessoires non inventés,
non groupés, mais placés là pár la perception géniale des
fonctions morales et civiques du personnage. Aussi regar-
dait-il, avec bonheur, et il s'en pénétra avec religion, les portraits de Jean Malderus et du prélat Scaglia. Les grandes
phases de la mortification du Christ, en quatre toiles sans
égales, ainsi que le Christ mort sur les genoux de la Vierge,
le pénétreront des lois de la composition harmonieuse chez
le second grand peintre d'Anvers. Mais parmi les portraits
aperçus, surtout d'exquises figures d'enfants lui iront droit
au cœur, car ces représentations correspondent à des besoins
familiaux qu'il n'a pu éteindre en lui, et une douce langueur
le touche de voir cette tendresse du maître qu'il affectionne
envers la faiblesse de l'enfance, la distinction et la candeur
distribuées sans partage à des figures chérubines, cela lui paraît une récompense et une élection, car ses grands'mères
eurent tant d'enfants, et ce ne furent que visages puérils
autour de son enfance, et il voudrait bien posséder assez
complètement son art afin d'arriver à cette représentation
unique des formes et des caractères.

Tout à la recherche d'une formule supérieure, les actes
de l'agitation habituelle glissaient sur lui, et les beautés de la
la vie, et les grandeurs de la nature le touchaient peu. Non
qu'il y fût insensible, mais il était encore trop empreint des
magnifiques leçons qu'il recevait des maîtres élus par lui. Les
maisons ne lui semblaient pas constituer des tableaux, et il
ne considérait guère que celle de Van Dyck, sans se soucier
du cadre merveilleux de la Grand'Place, et l'emplacement
de celle de Rubens qui venait d'être morcelée, uniquement
parce qu'il existait un endroit privilégié, où il sentait pal-
piter véritablement l'héroïsme et le prestige des maîtres au
génie révéré.

Peu lui importaient les carrefours muets, où des vierges

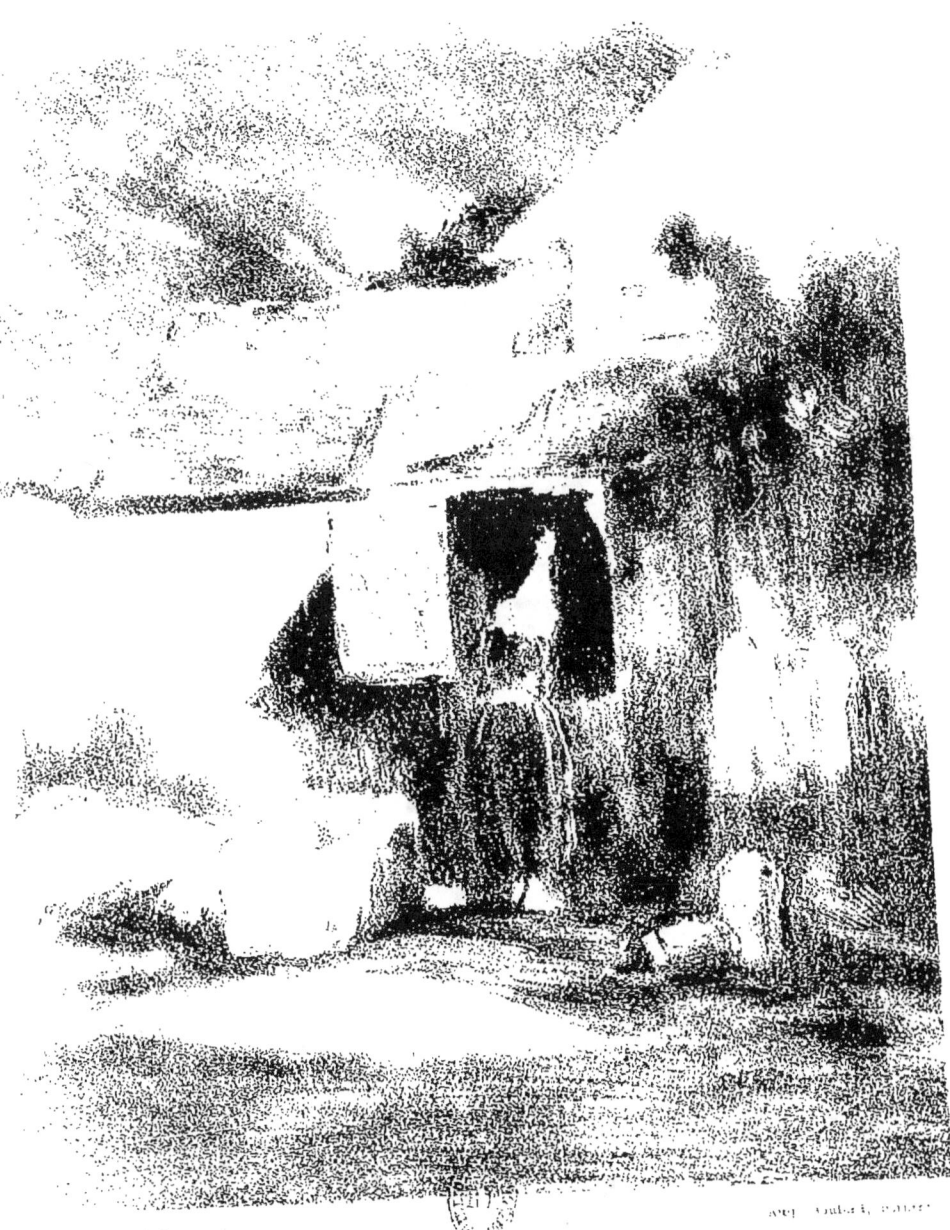

A. Lemere, lith.   Imp. Cadart, Paris

LE PUITS

sommeillaient dans des niches constellées de lourde orfè-
vrerie, protégées de ferronnerie en arabesques, aux lignes
voluptueuses, presque païennes tant elles sont l'objet d'un
culte extérieur de fleurs et de flammes. Il traversait les rues
grasses de la boue de l'Escaut, il passait sous les porches des
grandes allées où des murs se faîtaient d'un tuilage de soleil;
il descendait vers les quais, bourbeux et noirs, coupés de canaux vivants et de vieux bassins autrefois employés, avec
des noms de négoce qui l'inquiétaient peu. Autour de la poissonnerie, c'étaient des cabarets fréquentés par les matelots,
et des enseignes françaises voisinaient avec des scandinaves,
et des noms allemands se mêlaient à des caractères espagnols
et italiens. D'étranges clartés luisaient dans des échoppes
garnies de tout le matériel maritime, et la porte aux petits
carreaux protégés par des cotonnades s'ouvrant laissait
entrevoir quelque apparition fantastique d'une figure
d'ambre, avec des cheveux de lune dont le corps insaisis-
sable se perdait dans l'ombre. Puis des cris le frôlaient, des
chansons en tous dialectes, de Provence et de Normandie,
comme des rives baltiques et des Échelles du Levant venaient
brutaliser ses oreilles et ses sens extasiés. C'étaient parfois
de forts matelots de son pays qui allaient quérir des sem-
blants d'amour dans les maisons si ornées, si brillantes, si
tourbillonnantes du Ridÿk; ils allaient trop joyeux, trop
vivants, les yeux trop luisants de désirs de chair, pour que
ces longs brinqueballements lui inspirassent de marcher dans
leur ombre, et il fuyait les lascives réclames qui attiraient ces
mouettes échouées.

Près des bassins en rumeurs, les lourds chariots des *Na-
tions* passaient avec leur cargaison, couvrant leurs roues si
basses, et les chevaux géants, martelant durement les pierres
des chaussées, étaient l'image véritable de cette puissance
matérielle, de cette fortune venue de tous les ports du monde
pour enrichir la ville triomphante. Ville qui inclinait le plan

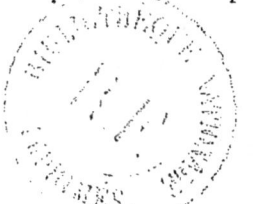

3

de ses rues, toutes les branches de son éventail vers ce centre
étincelant et miroitant, où la citadelle fortunée de la Hanse
se dressait comme un pivot. La maison des Oosterlinck,
comme au temps de la chute de Bruges, voit se mirer dans
les eaux éclusées de son gigantesque bassin, presque les
mêmes navires que trois siècles auparavant. Les armées ré-
publicaines ont passé. L'Escaut a été fermé, puis il a été
rouvert à la navigation, et les fenêtres, comme autant de
prunelles d'autrefois, s'aveuglent des longues antennes qui
montent jusqu'à leurs baies. Côtres, sloops, goélettes, lou-
gres, tartanes et felouques prises aux Barbaresques, cara-
velles, koffs de Hollande, bricks, trois-mâts-barques, fré-
gates retirées des escadres, barques pontées, galiotes, et les
bisquines dormant à côté des clippers, et peut-être même
quelque antique galéasse. Oh ! le spectacle unique de tous ces
ventres et de ces lignes serpentines, des châteaux d'arrière à
peine dérasés, de ces hunes et de ces artimons, et de toute
cette voilure, voiles latines, voiles carrées, brigantines, voiles
d'étais fraternisant dans l'atmosphère diaprée. Et les yeux
se grisaient de couleur, les carènes et les bordages se disputant l'opposition des teintes et des nuances, les verts, les roses,
les bruns, les blancs, les rouges, les noirs, les marrons, les
unis et les striés, et toutes les couleurs intermédiaires créées
par la fantaisie de l'action saline. Alors son cœur de peintre
bondissait, et cette accumulation désordonnée lui semblait
être la contemporaine des femmes de Rubens.

Et il revenait au long de l'Escaut rempli de brume na-
crée, il traversait ou les lignes fortifiées de l'enceinte ou il
s'approchait de la Citadelle, frémissante encore des luttes
soutenues, et où l'écho redisait des mots héroïques dans sa
langue natale. Et, comme les vertus guerrières sont de courte
durée, il suffisait d'une jupe courte dégageant une jambe de
pêcheuse, robuste vendeuse de moules, ou conductrice de
barque d'osiers qui rejoignait son bord, pour que son cœur

battît la chamade à la suite de la fille grasse, aux chairs blondes.

Et notre peintre, blond et fier jeune homme, à la taille élancée, semblait quelque saint Georges échappé d'un tableau de Rubens.

Alors c'étaient des courses dans la ville, alors si hospitalière, et par là si bien flamande et si en possession de son destin, dont elle était l'unique maîtresse, et si abondamment orgueilleuse de ses gloires qu'elle en était charmante; et il franchissait les prairies de la Nèthe, si vertes qu'il y entrevoyait l'ombre de Potter, silencieuse et permanente; ou pour se rafraîchir le sang, allait-il vers la Campine frigide, barrée de tourbe, jonchée de bruyères dans les endroits sablonneux. Et toujours l'Escaut magnifique revient, comme le serpent tentateur, il enserre les plaines, la ville, et les fortifications, et son atmosphère argentée est si ténue, si remplie de belles lumières, d'irisations de clartés, de caresses prismatiques, que la rétine s'en emplit et que la mémoire de l'œil se crée pour toujours. Et dans la Plaine naguère marécageuse, si les masures des gens du port ne le rebutent pas, si elles l'attirent même, c'est qu'elles s'enveloppent de ce manteau divin qui est toute la clarté en suspens, et quoique son attention n'y aille guère, elle est vouée à ses deux héros, à tel point que Memling, Van Eyck et Matsys ne lui disent presque rien, il n'est pourtant pas insensible à ce spectacle mouvementé.

Et quelques années après, quand après avoir travaillé longuement d'après Couture, dégoûté, pensant n'être jamais peintre, l'action décisive de Dupré lui ordonnera l'attention soutenue de la Nature pour fortifier et développer autant ses qualités natives que le fruit de ses études approfondies, alors toutes les visions négligées sortiront radieuses, dégagées de l'ombre confuse où elles dormaient dans l'âme du ressuscité.

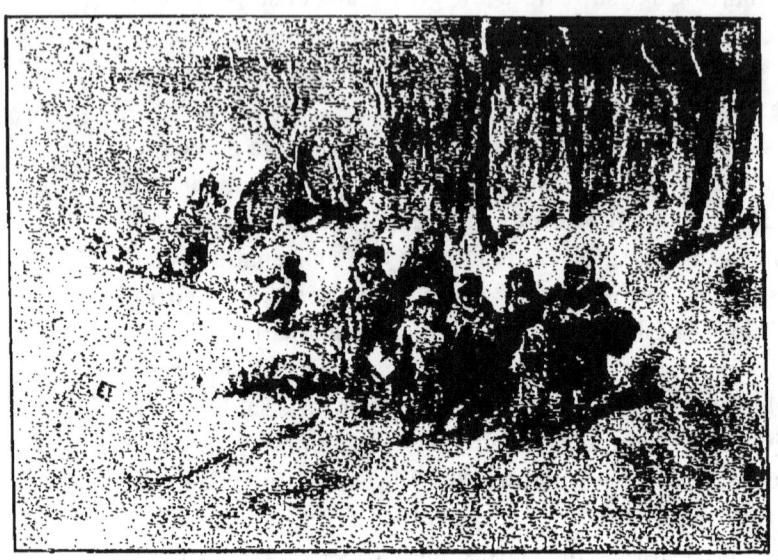

LE PAYSAGE

Notre peintre est de nouveau fixé à Paris, soit que sa famille l'y rappelle, soit qu'il se sente porté vers d'autres études d'art. Boulard est un peu désorienté dans cette fièvre de Paris, et dans l'abondance de voies, il ne sait plus laquelle suivre. Il voudrait bien trouver un chemin à lui, bien à lui. Mais où le rencontrer ? Il étudie dans les compositions de Couture ce qu'il croit être la certitude de la forme, du mouvement et de la passion. Il se rapproche des vieux maîtres du Louvre, et il se retrouve en contact avec Rembrandt, Rubens et Van Dyck; et les Flamands se joignent aux coloristes d'Italie pour ajouter à ses angoisses. L'Exposition de 1855 le met en contact avec toutes les peintures contemporaines, et l'école française de paysage touchant les maîtres anglais lui découvre un charme insoupçonné. Il admire très sincèrement Constable et Gainsborough.

Mais de ces attouchements visuels qui frappent son œil, trop expérimenté, manquant d'ingénuité, rien ne s'inscrit pour en sortir transformé sous une fusion volontaire. Il est écrasé par la surabondance des sensations, si intenses qu'aucune de ses réflexions particulières ne peut se faire jour, et il craint de voir se développer de nouveaux et magiques combats de couleurs dont il sortira écrasé.

A ce moment, la honte le surprend, l'envahit, le terrasse. Il va avoir trente ans, et il n'a pas fait œuvre de peintre, mais seulement de copiste. Il craint que son acharnement ne soit qu'une besogne vaine ; il craint que son labeur, par sa continuité ininterrompue, ne lui ait masqué le vide de sa vocation. Certes il connaît les ressources de la palette, et il peut redire un chef-d'œuvre avec la même facilité qu'il sait fixer une ressemblance dans un portrait. Mais à cela se bornent ses exercices habituels, et malgré qu'il ne se sente pas de taille à traduire complètement les aperçus qui l'assaillent, il n'a pas l'inquiétude haletante, le poursuivant comme un cauchemar, il n'a pas la souffrance aiguë de ne pas être surpris de la bassesse de son examen. Recherches, attentions, caractères lui échappent. Il groupe toutes sortes de personnages, de manière très habile, parce que cela est la manière qu'il a scrutée chez ses maîtres favoris. Il n'a pas la joie d'une entente, il n'a pas la rage d'une erreur indomptable, et pourtant domptée enfin. Il sent, certes, ce qu'il veut exprimer. Seulement, c'est en élève discret, ce qu'il n'avait jamais été. Le voilà revenu aux jours de l'atelier Cogniet, mais sans la foi ni la même virilité. Sa probité est pourtant telle qu'aux premiers jours de ses débuts, et son honnêteté est restée si virulente qu'elle lui reproche de se galvauder, jusqu'à compromettre le génie de ceux qui l'ont guidé par leur magnifique exemple.

Et plein d'amertume, lassé de sa conscience murmu-
rante, ne trouvant nul réconfort au travail, brisé de cette
lutte, il se jure de ne plus toucher de ses doigts à un pinceau.
Et il se tient parole, ou presque, jusqu'au jour bienheureux
où il rencontre Jules Dupré qui va être son sauveur.

Jules Dupré eut vite démêlé les motifs peu compliqués de
cette anémie, si simples sous leur apparence touffue. Pour
lui, il apparaissait en Auguste Boulard la certitude d'un
tempérament de peintre, mais tempérament nourri trop
abondamment, trop exclusivement de reliefs de choix, sub-
sistances de haut goût, au parfum capiteux, qui, pris sans
gradation, débilitaient l'individu qu'ils eussent dû faire vivre.
Et ainsi qu'il eût fait pour un cheval de race, bête de luxe
trop choyée et accoutumée à une provende trop riche, il mit
son jeune désabusé au vert avec toute la Nature pour enclos.

Quelles furent les premières impressions de ce régime si
différent de celui suivi par Auguste Boulard ? Le peintre,
heureux de se retrouver apte à s'intéresser aux seules visions
qui l'eussent touché, se mit avec tranquillité, puis avec
acharnement, à l'essai de ce domaine, dont l'étendue s'agran-
dissait chaque jour au delà, bien au delà des bornes qu'il
pensait avoir posées. Il pouvait avoir une affection profonde
pour ce qu'il croyait être l'interprétation manifeste des plus
belles œuvres de Rubens et de Van Dyck (il possède encore
ses remarquables copies) et il établissait entre elles et ses essais si récents un parallèle où il cherchait la véritable voie.
C'est qu'elles sont, ces études d'un joli sentiment, d'une belle
fraîcheur, d'une compréhension tendre, seulement elles ont
de nombreux contacts avec sa facture antérieure, qui n'est
pas la sienne. Boulard n'a pas atteint l'heure charmante où il
pourra lire dans la Nature comme chez les maîtres, où il
saura surprendre les variations infinies de la lumière, où il
verra si nettement sa fécondante caresse s'épandre sur le rapprochement des signes obscurs, pour les grouper en formes

perceptibles et s'imposer ensuite, dans leur signification propre, dans leur perspective modelée et dans celle de l'atmosphère : alors, sous ses yeux agrandis, se grouperont les éléments qui vont fortifier son courage et établir sa continuité d'assimilation des signes du paysage.

C'est à ce moment que l'intervention de Jules Dupré s'exerce favorable. Le maître a devant lui non un découragé, atrophié et puéril, mais un convalescent goûtant avec une sensualité plus profonde les joies de l'existence reconquise. Et avec la noble majesté, toute pétrie de simplicité, de ces génies que rien n'arrête, que nulle force ne peut amener à renier un principe pour eux essentiel, il démontre à son élève improvisé les lois de la composition dans la nature. C'est d'une pratique sévère et assidue; c'est d'une étude froidement persévérante; et la transfusion du cerveau à l'œil et de l'œil à la main sera constante. A ces épreuves répétées, l'artiste aura l'attribut de discerner à quel moment surprenant s'opère la jonction imperceptible, pour les prunelles impies, des harmonies et des forces universelles.

Cette transfiguration de la matière n'est pas une hypothèse de hasard. Non ! l'effet existe, et il se manifeste, et il se traduit; il est subordonné à des conditions requises qui vont s'élargissant, jusqu'à s'unifier, suivant la rencontre et l'opposition des matières qui rompent la succession des lignes : arbres, eaux, terres nues, herbes, sablès, montagnes, maisons, étendues; obstacles ne déplaçant pas, n'absorbant pas la même quantité d'air porteur de parcelles lumineuses, et ne pouvant rendre, par réflexion, suivant la déclinaison du jour un effet analogue, mais marquant cette illusion optique d'un reflet intense ou amoindri, dégradant l'unité tonique, ou l'élevant brusquement. L'artiste intervenant, pour figurer en une seule image les variations de nombreuses périodes : les jours de brume ne sont pas tangibles uniquement par un étouffement systématique de tout vestige coloré, et les joies de la clarté ne se marquent pas par l'imposition brutale d'une nappe rayonnante. Les vieux peintres, enfermés dans une façon de dogme, d'essence théologique, d'origine mystique, lui firent la concession de leur certitude lumineuse. Ils s'arrêtèrent à une manière d'éclairage idéal qui donnait assez bien l'impression de la lumière naturelle : mais ils se refusaient à demander à celle-ci les certitudes de son enveloppe vivifiante, parce qu'ils craignaient d'être conquis par l'étendue de son action.

Ce fut réellement la gloire de l'école française de paysage d'avoir imposé la perception, l'entente et la distribution de la lumière, que de hardis génies avaient magnifiées, mais dont les exemples n'avaient pas eu force de loi. A ces superbes créateurs, nous sommes redevables d'avoir non seulement délivré la lumière, mais toutes les forces naturelles de l'interdit dont elles étaient frappées. L'abus des copies antiques avait poussé les artistes à renier la chaîne des efforts entre leur époque et celle dont ils se réclamaient par préférence. Quelques-uns étaient supérieurs à leurs contemporains, mais leur direction était nulle, imperceptible même. Le paysage historique était l'expression la plus relevée de l'art de peindre, après le sujet historique toutefois. — Combien était générale cette fâcheuse erreur qui poussait d'admirables décorateurs, d'ailleurs encore tout pétris des ressources et des besoins de la race, à demander leur unique source de production à des ruines conventionnelles, à la reconstitution d'endroits fameux dans les fastes de la vieille Rome, archéologies bâtardes, sans souffle, sans volonté, où ne se trouvait plus la couleur de Watteau et de Boucher, et où manquaient les imaginations du Piranèse. Ce n'était qu'un accord avec la mode du temps. N'allez pas croire que dans ces toiles, la composition s'effrayait du pas lourd des barbares vainqueurs de l'Empire, ni que par une entente auguste de la matière, on y vit l'épanouissement juvénile de la force éternelle, plus

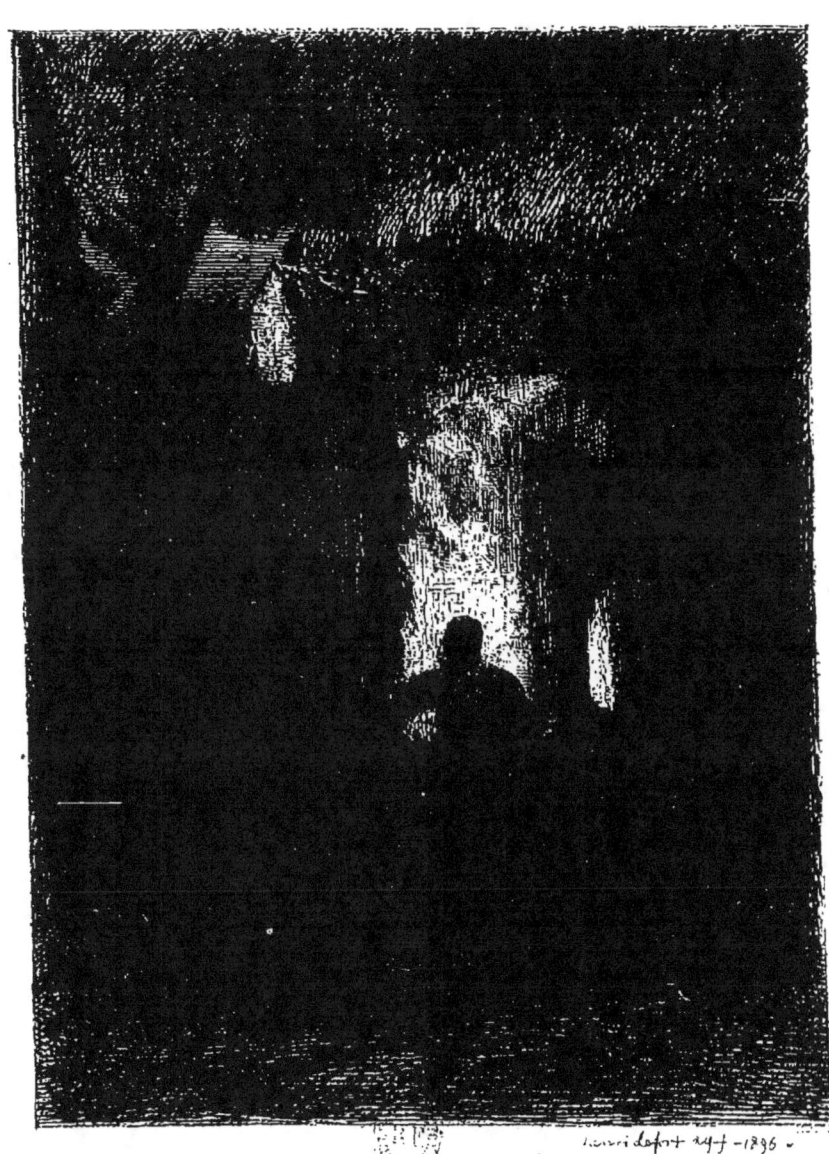

LA PORTE CHARRETIÈRE

intense, plus énorme, à chaque reprise des enfants qui lui
furent ravis, et qui d'un embrassement illimité est heureuse
de recouvrir les pierres arrachées de ses entrailles par la ci-
vilisation. Non ! ce n'était ni la rudesse sèche de la philosophie
qui s'imposait : — on ne croyait plus à Holbein ! — ni l'exu-
bérance de la vie qui s'affirmait : — les Flamands étaient
qualifiés de singes ! — Il n'y avait que froides et fâcheuses
réminiscences. On faisait à la Nature l'honneur non de la
violer, mais de composer avec elle ; et cela suivant les rites
acceptés pour les héros disparus depuis plus de mille ans.
héros choyés, vénérés, admirés, mais dont les moindres
actes transportés, dans la société existante, eussent soulevé
une réprobation générale.

Le paysage historique était uniquement un hommage so-
lennel rendu par l'École des Beaux-Arts, dirigée par l'Insti-
tut, à l'antiquité classique. Aussi quand les si supérieurs et
si admirables novateurs, Daubigny, Millet, Rousseau, Dupré,
et leur maître et leur supérieur à tous, Corot, vinrent affir-
mer par toutes leurs œuvres qu'il se trouvait dans la Nature
tous les motifs et tous les ordres de la composition picturale,
toutes les rencontres de groupement, d'intérêt, de lumière et
d'harmonie, qu'elle seule était l'inappréciable conseillère ;
que de plus, elle était l'adorable jouvence où les affaiblis
puisaient des forces d'éternité, alors, ce furent des cris, des
luttes, puis le silence du mépris. Et cela pendant près de
quarante années.

Ce n'est guère que vers 1865, — en 1863 le Salon est si
hostile qu'il refuse tous les paysagistes et tous les peintres
épris des méthodes nouvelles, — que tous ces grands artistes
commencent à bénéficier, admirativement seulement, de leur
superbe et obstinée volonté, et à imposer dans l'art la certitude de leur méthode. On copiait depuis plusieurs années la
couleur de Delacroix, on en ignorait presque la signification
dramatique. On copiait la distribution de Rousseau, on co-

4

piait Diaz, mais on ne copiait ni Millet, ni Corot. Sauf quelques disciples fervents, tels que Chintreuil et Desbrosses, on ignorait totalement les lois mouvementées et supérieures de leur œuvre. Et maintenant que leur effort est semblable à celui de leurs prédécesseurs les plus fameux et les plus recherchés, qu'ils sont établis en pleine gloire, que leurs affirmations volontaires ont été contrôlées et certifiées par tous les examens, que leur influence s'est substituée, avec sa rigueur formulaire, avec la netteté indiscutable d'une volonté majeure dans toutes les manifestations modernes de la peinture, à ce moment-ci leur renommée n'est pas assez puissante pour avoir conquis au paysage un entier droit de cité.

Et à côté de la composition historique, de la peinture d'histoire, des scènes religieuses, de l'interprétation classique, la place qui lui est dévolue est si clairement un rang secondaire qu'aucune récompense suprême n'a jamais été accordée à un paysagiste, parmi ces médailles d'ostentation que la vanité des artistes exposants aux Salons annuels accorde à celui d'entre eux qui leur paraît le plus honorer la vieille corporation. Cette médaille ne pèse sur aucun examen sincère, elle est un accident, agréable des fois, mais son évanouissement à l'approche du paysage indique formellement en quelle mince estime est tenue cette belle interprétation de la Nature, cet art du paysage qui a éclairé, subjugué, redressé l'art moderne en le forçant à retremper ses racines désséchées dans les sources de la vie.

Dans ses heures de travail, nombreuses et fortifiantes, Auguste Boulard entendit souvent des conversations de cet ordre, non théoriques, mais revenant, en manière d'explication, après la difficulté technique vaincue, pour le bien fortifier dans la vision colorée qui allait s'élargissant. Ses compagnons accordaient un éclatant témoignage à l'art des autres époques, et ils prétendaient les continuer en s'abreuvant aux étendues de la Nature. Ils en avaient la jouissance, tandis qu'autrefois elle n'était pas le but permis, quoique cette défense fût éludée par tous les véritables artistes qui lui rendaient hommage, mais par des affirmations mystérieuses. Cela le pénétrait d'autant plus que Dupré, comme Millet, respectueux des maîtres passés, se haussaient à leur taille. Alors ce fut un retour fervent vers le travail, comme aux jours d'Anvers, travail paisible, pénétrant, où se rapportaient sincèrement, et d'une façon qui correspondait à sa vision et à son entente, les diversités colorées qui s'irisaient dans la vallée de l'Oise, où il s'était fixé définitivement, partageant son année entre Cayeux et Champagne, avec relais à Paris.

Champagne est à deux pas de l'Ile-Adam, patrie adoptive de Daubigny et de Dupré. Le grand Daumier y était fixé également, et sa pensée se traduisit en ces dessins supérieurs de forme et d'expressive critique, desquels la gloire n'est pas assez complète. Ce petit pays n'a pas d'histoire, et s'il n'avait une situation topographique très exacte et une généalogie agreste peinte par Boulard, il ne différerait nullement de la contrée célèbre qui l'entoure. C'est la même lumière claire, nuancée, aux tons fins, qui enveloppe le même système de forêts. C'est une lumière venue du Nord, par les canaux et la rivière, et encore mal désembrumée des ouates vibrantes des Flandres, lueurs disséminées dans des tissus de gaze, poussière de nuages emportant des fragmentations d'étincelles. Souple et caressante vêture de clarté se posant sur des terrains légèrement caressés et de très belle nuance, encapuchonnant les cimes forestières. C'est dans cette atmosphère, d'une vibration intime, c'est sous ces arbres fameux, qu'il pratiqua, qu'il pratique l'étonnante maîtrise des grands paysagistes. Il doit le fond de son éducation à Dupré qui l'a sauvé de l'atonie des répétitions impersonnelles ; et de bienveillants appuis lui vinrent de Millet et de Corot, qui, le traitant en camarade, faisaient échange d'une toile, dressée sous es yeux admiratifs du jeune peintre, tableau d'un après-midi d'application où se résumaient, presque sans couleur, par la justesse des touches, le rapport des tons, la sûreté des valeurs, la mystérieuse ombre d'un sous-bois, la nuance d'un ciel et la délinéation exacte d'un chemin, diminuant, se perdant dans la profondeur de l'étendue.

De ces maîtres connus si intimement, de cette fréquentation journalière de Jules Dupré, près de qui il vécut côte à côte pendant une longue et affectueuse période, Boulard a suivi l'exemple, mais il s'est dégagé d'eux. Il obéit à la même loi lumineuse, aux mêmes scrupules de vérité, de sincérité, et d'étude, mais sa composition porte entièrement son empreinte à lui : c'est une peinture colorée, caressante, harmonieuse, sans heurts ni brutalités, très poussée, très suivie, toute d'enveloppes consécutives, de recherches, de pénétrations : très peinte. Une toile de lui se montre attrayante, comme caressée du pinceau. Jamais une négligence, ni un artifice grossier. Il ménage l'expression qu'il va fixer : il y vient par un volontaire travail d'approche, par grands plans qui se resserrent, qui s'unifient pour se rejoindre, pour se fondre en un système continu. L'effet lumineux, indiqué, puis précisé, se joignant à l'ensemble même de la composition dont il est désormais la loi vivante, se perçoit d'abord, puis éclate, et tous les détails, sol, arbres, mouvements de nuages, ombres logiques, coulées irradiées, retournent au foyer principal, d'où elles viennent : et ce pittoresque assemblage s'impose à l'œil examinateur avec la puissance d'une circulation merveilleuse du sang idéal.

Une toile de Boulard vous frappe par son côté harmonique, puis par sa puissance expressive, et surtout par un aspect définitif qui fait nettement saisir à quelle justesse de pensée rendue tangible est parvenu l'artiste. Dans son œuvre immense, je tiens à prendre quelques exemples, parce qu'ils me paraissent résumer toutes les variétés d'aspect, de composition et d'entente naturelle, et de facture lumineuse. Vingt toiles ont des qualités au moins égales. Je cite pour attacher le souvenir à un ensemble déterminé, en désignant une tête dans le groupe, parce qu'il ne m'est pas loisible de les appeler toutes à se présenter.

Ceci est un jardin, non un jardin de ville où l'air raréfié se meurt entre les murailles, mais un bel enclos protégé par les arbres, un mur bas peut-être, et par quelque haie aussi. Tout d'abord, à travers l'échancrure des viornes et des aubépines, une étendue poudroyante s'étend et s'illumine : c'est le pays que le soleil caresse; on s'attache à ne pas perdre la vue d'un détail qui souligne, qui détermine cet amas de demeures confondues en un bloc de clarté, dans la clarté générale, et l'on revient s'abriter dans cette niche de verdure, on en sent toute l'intimité, toute la force tranquille. Alors c'est une délectation véritable, les arbres touffus ménagent des jours discrets, les herbes folles se couchent, se lutinent, s'accrochent en baisers furtifs, et dans ce clair obscur propice, un buisson de roses vit, solitaire parfumé, avec l'intense couleur des floraisons abritées. Elles sont tendres, veloutées et grisantes, et leur odeur s'exhale sous la protection fraternelle des grands arbres, s'inclinant pour qu'elles puissent reposer. Tout près, un coin nu de terre, où l'herbe s'est vu refuser de s'installer, et cette crudité de la matière, dans la tendresse des végétations pleines de sève, reporte le regard vers la trouée lumineuse qui s'étend au delà de la haie. Ainsi, par ce vulgaire accident du sol, on entre dans la pensée du peintre, et l'effet est si complet qu'il est d'une logique absolue.

Les meules trapues se pelotonnent sous le ciel noir, elles sont frémissantes devant l'orage grondant, comme de grosses bêtes peureuses; leur silhouette s'alarme, se rapetisse sous le mystère de l'ombre grandissante. Et des nuées se heurtent, se confondent, se précipitent toujours plus bas, toujours plus près des bonnes et vivantes forteresses. Sous le passage des vapeurs d'orage, il s'y accroche des lueurs mauvaises, li-

vides, safranées; et les gerbes, principe de vie, opposent leur
masse à cette fureur mortelle. La moiteur de cette toile irrite
les nerfs, et son action est d'autant plus véritable qu'elle
n'est pas due à quelque contraste coloré, mais en entier à cet
étouffement de teintes, de formes et de reflets qui est le pré-
lude de fulgurances si prodigieusement lumineuses qu'elles
ne donneront plus aucun plan aux étendues noyées d'une
seule clarté.

Une cour de ferme. La mare d'abord étale son calme pu-
tride. Les bâtiments sont en équerre, et dans l'angle ren-
trant, une lumière se pose, touche, vivifie le vieux mur;
plus haut, sur le chaume, elle s'étale, elle s'étend comme une
lessive fraîche. Des nuages galopent le ciel; et par une
échappée, à travers une claie, on perçoit que la capricieuse
se heurte, s'accroche à d'autres murs, et à d'autres toits.
Dans l'embrasure d'une porte, une femme, à peine sensible,
enveloppée de tonalités grises, à peine rayonnantes, visible
pierre de touche de toute cette harmonie.

Une route joyeuse sous de beaux arbres tranquilles. Le
chemin est d'un gris soyeux. Les feuillages sont dorés, et
plus loin que les champs masqués par les frondaisons, le village rutile sous le soleil vermeil.

Voici l'entrée de Champagne. Nul octroi. La route est
gardée par un talus boisé et par des champs protégés eux-
mêmes d'un faible mur de pierrailles. Au fond, les maisons
du village, dominées par les grands arbres des jardins. La
route biaise, au fond, emportée dans un galop de clarté. En
restant en dehors du groupement des maisons, près du petit
mur, on a en face soi un talus coupé d'une faille lumineuse, un grand chêne résistant aux éboulis et à la hache
prochaine, qui le jetteront à côté de la grume dormant dans
le fossé. Les nuages vont. Le ciel est tendre, et la route est
zébrée d'un beau tapis d'ombres et de rayons.

Le soir vient. Les chaumières détachent avec peine leurs

paisibles silhouettes sur l'horizon qui perd sa transparence, et son arête. Le ciel est d'une nacre multicolore, bistrée, grisée, avec des pointes de rose et des gouttes de lait. Le chemin est perlé, les champs accrochent de fugitifs vestiges de jour, et une femme rentre au logis prochain. Immortelle grandeur de la vie qui s'assoupit pour renaître, et dont chacune des phases de transformation se montre avec sa beauté et sa puissance.

Encore des fermes en activité de travail. — Une, le toit joute le ciel, le chaume est sévère, sous le soleil déclinant. Une femme passe. Une grande charrette échouée dans le fumier brise l'intense éclat de la clarté vibrante, éclaboussant les murs ; et des poules joyeuses, sautèlent, picorant les vermisseaux étincelants, pour leurs yeux avides à l'égal de leur gésier. — Au fond d'une ruelle de verdure, un mur maçonné de clarté, ombré de mouvantes formes d'enfants et de femmes ; au-dessus, un champ de nuages sombres regrettant le rayon qui vient d'échapper à leurs pesantes mailles. — Une femme s'approche de la corde, et des deux mains jointes, hèle le seau des profondeurs du puits. Le beau mouvement, et sincère, et valable, et difficile à oublier.

Sur le chemin, la porte charretière est ouverte, et la lumière, en fraternelle curieuse, entre par les vantaux écartés elle marche vers l'ombre qui s'ouvre devant elle, qu'elle morcèle, qu'elle réduit par degrés, elle va bientôt atteindre de son intensité une forme obscure : fille de ferme, à la forte charpente, dont le bras fait balancier au seau qu'elle porte de la main droite. Au-dessus du chaperon de tuiles, et occupant le ciel du tableau, des arbres bienveillants font sauter leurs branches onduleusement garnies dans l'espace de la cour, et rompent l'azur profond, si profond qu'il vire au noir.

Et près de ces quelques désignations, maintes constructions de fermes, de maisons, de champs coupés de bouquets d'arbres, toiles ayant la même préoccupation d'affir-

mation de la lumière. Toutes valables, et d'une qualité supérieure; mais je veux m'astreindre à donner mon opinion en
ne l'appuyant, en ne la basant que sur quelques exemples
déterminés; il n'y a pas un choix préconçu mais bien l'impos-
sibilité de tout décrire dans une œuvre si vaste, embrassant
tant de sujets variés : c'est par obéissance à cette délimitation, que je veux ajouter des citations de tableaux de Cayeux,
parce qu'ils ont été pris dans une atmosphère différente de
ceùx de Champagne, et que par leur entente purement
rustique, je n'ai pas voulu les faire entrer dans le chapitre de
La Mer, parce qu'ils ne lui doivent qu'une existence indirecte.
Leur structure, leur abord, leur forme en font d'absolus paysages au même titre que les vues prises dans la vallée. C'est à
cette série qu'appartiennent les pièces suivantes.

Les dunes rousses se mouvementent, s'escaladent, elles
ont de tendres tonalités de chair, elles se marbrent de petites
taches roses; et toutes les petites fleurs des dunes, d'une
nuance si effacée, semblent des veines bleues qui courent
sous un épiderme de sable. Là, dans cette toile, presque sans
composition, puisque c'est de simples accentuations de
sol succédant à d'autres simples accentuations et dans un
espace très limité, l'intérêt s'éveille donc grâce aux révélations accumulées par le peintre dans cette figuration d'un
coin de grève s'aspectant sous le ciel nacré : et c'est parce
qu'il y a composition, c'est-à-dire entente des points princi-
paux de rencontre entre l'atmosphère et la matière qu'elle
anime, qu'il se produit cette inscription si satisfaisante de
lignes et de formes, éveillant en notre œil et en notre cerveau
une compréhension plus juste, parce que plus élevée, d'un
ensemble de forces naturelles, groupées harmonieusement,
que nous avions aperçu maintes fois sans en saisir la signification. Le peintre a remplacé notre choc confus par une
sensation déterminée et agréable.

De fines nuées, transparentes comme des dentelles,

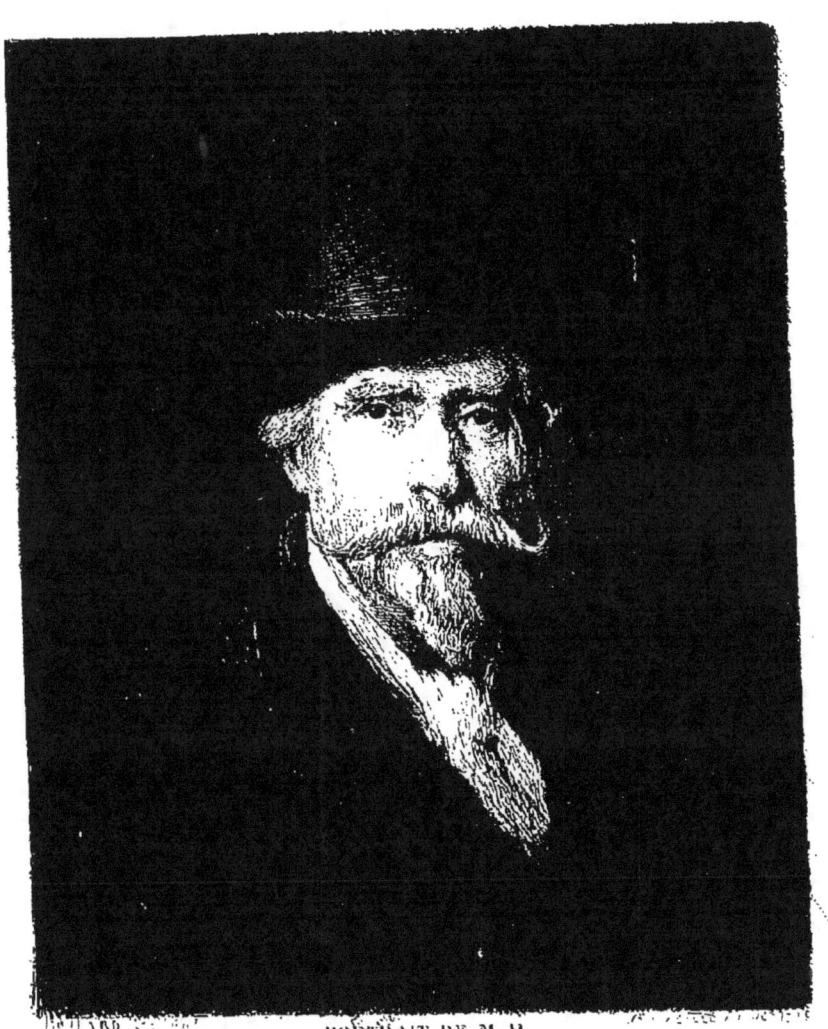

PORTRAIT DE M. B.

couvrent le ciel, et des profondeurs se creusent sous l'avancée
de la falaise. L'herbe est grasse et haute, et dans ce pré si
aéré par tous les vents du large, une belle génisse est debout,
la tête pensive et allongée vers des rumeurs qui montent de
la mer. Des vapeurs légères enveloppent la terre; l'animal
sent cette caresse, et dans la liberté de l'air sa massive allure
s'affine et s'embellit. La bête oublie la stupidité que nous lui
imposons. Elle est un contact vivant avec l'admirable mouvement coloré. Elle est en spectateur, et elle est même une
partie du spectacle, et c'est de cette réunion générale de
forces, de rapports et de lumière que nous sommes touchés.

Presque un cloître. Au-dessus une tour carrée de clocher,
coiffée d'un lourd chapeau d'ardoises. Bleu gris d'ardoises
de la toiture, et briques roses de la tour s'inscrivant très doux
dans un ciel plus doux encore. C'est l'église de Cayeux, vue
d'une cour intérieure. Des ombres presque religieuses enveloppent les murailles, ombres coupées d'un grand coup de
soleil, comme passant à travers un gigantesque vitrail. Malgré cela du calme, et dans cet espace reposé, pour rappeler
l'intensité de la vie, des poules batailleuses auprès d'une
femme qui leur donne du grain, en un beau geste simple.

Le bois, autrefois gigantesque, dispute au flot les miettes
du sol nourricier, il est pensif comme une forteresse me-
nacée. Les vagues ennemies ont ouvert dans l'humus, maintenant désagrégé, une petite baie, et comme une armée qui se
retire pour revenir à un moment déterminé, elles ont posté
en sentinelles d'observation des lagons cristallins qui mi-
roitent sur le sable. Les cassures du sol, la lutte de la mer et
du sol sont marquées par un choix de motifs pittoresques,
une variété lumineuse du plus haut intérêt. Ce n'est pas une
thèse, ni une théorie, c'est une sensation approfondie qui
s'exprime, avec une complète intelligence, par les seuls
moyens fournis par l'art de peindre.

Cette volonté de prendre dans la Nature réelle et vivante

5

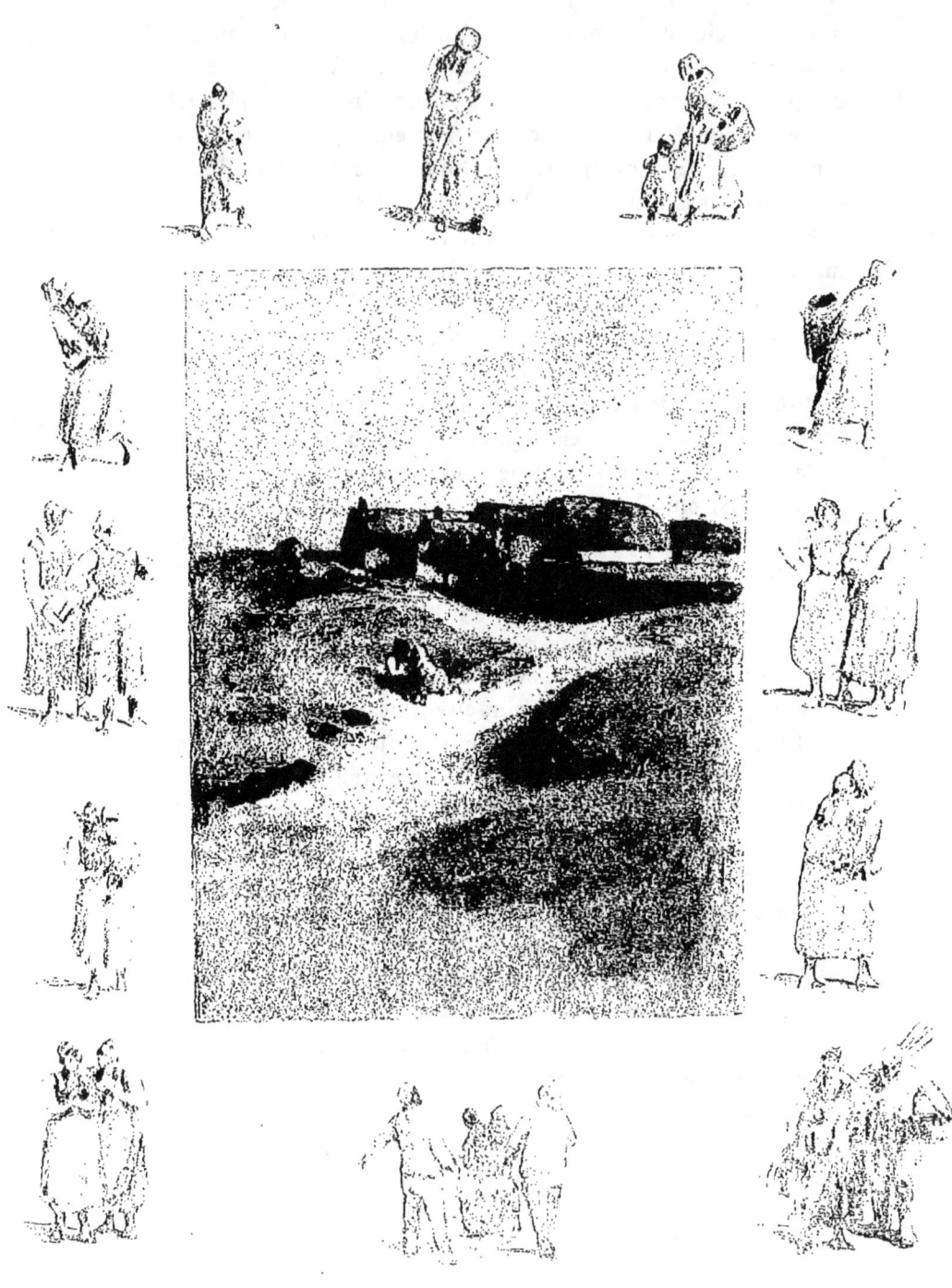

les groupements dont la sincérité et l'étude peuvent dégager
la loi d'existence, ont amené Auguste Boulard à une sûreté
de choix et à une majesté de facture valant par elles-mêmes
et s'affirmant. C'est parce qu'aucune influence étrangère à la
puissance de son art ne le trouble, s'il aime la littérature, ce
n'est pas pour lui demander la direction de ses motifs, qu'il
est arrivé à une plénitude d'expression si caractéristique et
d'une unité si parfaite. Un de ces paysages de Cayeux me
semble réunir en lui toutes les qualités de style, de composition, de charme et d'effet lumineux qui me font dire que
Boulard est bien un grand peintre. C'est un coin de village
près de la mer. Une ligne montante : d'un côté la terre du
chemin qui se termine en ruelle, se bossue, se mouvemente,
et est surmontée d'un mur largement éclairé du soleil; dans
le contre-bas, une succession de maisons ombrées par la
butte. En partant du premier plan, un admirable effet de
clair-obscur; sur un mur bordant la rue, de l'ombre translu-
cide, vaporeuse, ténue, toute fragmentée de points rayon-
nants. Au-dessus, des murailles roses, claires, charmantes,
souriantes, et les arêtes des toits se fondant dans l'air pur.
A quelle prodigieuse connaissance des valeurs a-t-il dû arriver pour que le calme de l'air, la violente lumière du mur de
second plan ne nuisent en rien à l'effet merveilleux de délicatesse des maisons? je ne puis que le constater. Mais il ap-
paraît dans la construction de ce tableau une telle jouissance de la perspective atmosphérique que l'on sent, d'une
manière certaine, la présence d'une cour entre les maisons et
la clôture, et pourtant, aucune délimitation ne se constate
brutale, le tènement étant baigné d'une clarté égale, mais la
place de chaque surface lumineuse est si nettement déterminée que l'étendue se marque d'elle-même.

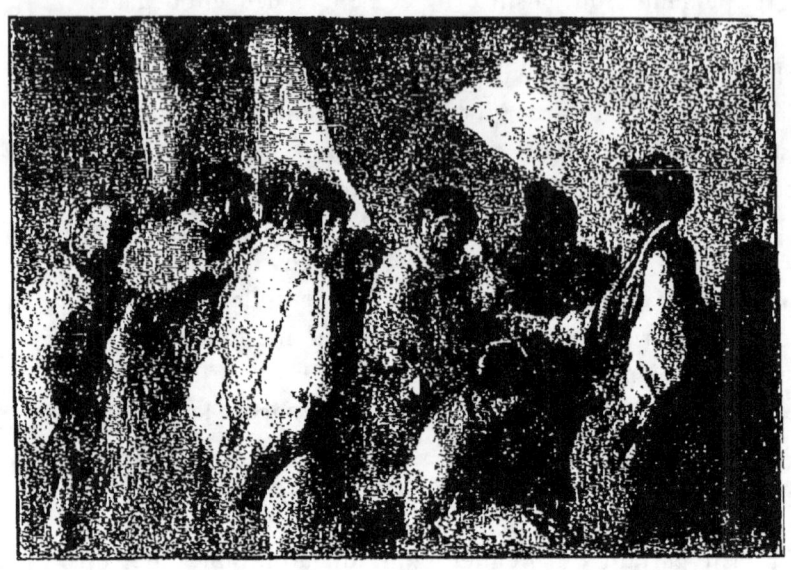

LE PORTRAIT

L'œuvre de Boulard est complexe, mais son ensemble ne comprît-il que des portraits que le nom du peintre mériterait d'être consacré comme l'un des plus caressants qui ait triomphé des lignes humaines. Les figures qu'il a dressées sont admirables, d'une solidité et d'une justesse de touche incomparables, hardies, attendries, colorées, et, pour quelques-unes, d'un charme voluptueux. Elles ont conservé la fleur d'émotion qui les couvrit, à leur apparition, malgré la trahison des couleurs et des vernis, malgré surtout le terrible déplacement des bitumes. Et puis elles sont si nombreuses que l'on peut suivre, en elles, toute l'existence artistique, et celle des sentiments, chez un peintre qui a constamment eu la conscience que son labeur quotidien était la plus sûre ascension à la possession des merveilles du lendemain.

Au début de sa carrière, il fit des portraits, parce que son ingénuité lui accordait ce moyen pour se rapprocher davantage de ses maîtres préférés, Rubens, peut-être Rembrandt, et surtout Van Dyck. Plus tard il s'y adonna avec toute ferveur, car il possédait la certitude de la corrélation absolue de toutes les manifestations naturelles, et qui vont en peinture de la vision d'une étendue à la signification d'un être pensant.

Il faut croire que sa méthode de fixer une ressemblance, ou de rappeler une image chère fut plus rapidement appréciée que les études rapportées de l'Ile-Adam et de Cayeux, car, sans arrêt, il se dépense dans une foule de physionomies valables et curieuses où s'affirme, chaque jour, plus hautement sa possession du mouvement de la couleur. On peut penser que non seulement il fut guidé par la certitude qu'il possédait de son art, mais qu'il rencontra près de ses amis, près des siens, un appui constant et réel; tout le monde dit, et croit juger d'un portrait en parfaite connaissance. Si l'action nous est coutumière, le repos est également dans nos habitudes. Nous nous reposons de nos efforts en les résumant, en les critiquant, non sur nous-même, mais sur autrui; et nous jugeons par cette réfraction des forces et des formes qui s'exercent. L'examen d'un portrait est une comparaison mentale de nos propres signes et de ceux qui sont fixés par l'artiste, et comme cela rentre dans la moyenne des sensations reconnues, et acceptées de très bonne foi dans tous les milieux, on discute de l'harmonie et de la certitude d'une figure. Et malgré un peu d'emphase nuageuse, les avis fournis sont généralement de bon aloi, car ils reposent réellement sur une observation suivie. On ne pourra dire la qualité de la couleur, mais on indiquera sainement l'impression qui s'en dégage.

Les portraits de Boulard devaient fournir une ample moisson à ces investigations, car ils allaient toujours au delà d'une ressemblance momentanée : ils valaient par leur souci de composition, par leur divination du personnage, et surtout par une fougue secrète où le peintre n'a cessé de se complaire. Ces rencontres lumineuses, ces accords de tons et de couleurs, cette enveloppe agréable qui nuance le visage, se réunissaient en une complète étude de peinture. Alors, l'artiste entraîné, subjugué par son sujet, se laissait aller à marquer la volupté qu'il ressentait à créer une synthèse vivante, à côté de son modèle vivant éclairé désormais des lueurs que lui seul avait vues briller. Et son pinceau, entraîné dans les mêmes espaces où le soleil se joue à travers les veines des feuillages, les artères des chemins, les ossatures des terrains, les épidermes fleuris des champs, traduisait la figure isolée avec le même souci qu'un ensemble de la nature : car dans l'ardeur du travail, la distinction du genre n'existait plus, il ne voyait désormais devant lui qu'un motif dont sa méthode — celle des grands maîtres français, Corot, Millet, Dupré et Delacroix — lui avait enseigné le meilleur mode de représentation. Il travaillait sur nature, et il observait strictement toutes les valeurs qui font que les objets se placent, s'imposent ou se déclinent par rapport à une lumière caractéristique de laquelle toutes les autres tirent leur raison d'être, et la situation de leurs plans.

Et ces portraits, sans que l'on sût qu'ils étaient bien des façons de paysages, puisqu'ils empruntaient leur existence aux lois que l'on ne prétendait applicables qu'au paysage, ils plaisaient fort et augmentaient, près de rares et avides connaisseurs, la renommée de l'artiste. Ils plaisaient, car ils ne vieillissaient pas. Sans souci des années en plus, ils rappelaient d'une manière saisissante toute une beauté disparue, toute une adorable perfection de formes et de charmes dont on n'avait jamais si bien goûté l'enchantement.

Les portraits de cette longue carrière ne peuvent être énumérés tous, bien que plusieurs soient de toute beauté, de

ceux que l'on désigne du titre de chefs-d'œuvre quand le temps
a opéré son nivellement sur l'activité des luttes et a remplacé
le mouvement des intrigues décrétant la gloire immédiate,
par d'autres intrigues aussi captieuses : mais de ces élections,
il reste une marque, un souvenir, un nom, une œuvre qui
ont subsisté. Je crois sincèrement que beaucoup de portraits
de Boulard peuvent prétendre à cette survie, car ils ont avec
les grands maîtres qui font la beauté des musées, qui ont
constitué notre patrimoine glorieux, un air de famille. Ils ne
ressemblent à aucun, ils sont les descendants réels d'une race
supérieure créée par la rencontre de tous les génies.

Quand l'on viendra dire que Boulard se souvient de Van
Dyck, il pourra ajouter qu'il se souvient également de Rey-
nolds, et qu'il a pour La Tour une admiration au moins
égale à celle qu'il professe pour Velasquez. Et que s'il traduit
les figures de son époque avec la même certitude rigoureuse
employée par ses illustres prédécesseurs, il aura fait son devoir de peintre; — à la condition que son tempérament s'affirme clairement, par des recherches qui viennent s'adapter à
la structure réelle du personnage, sans souci du mode qu'eût
employé un de ceux qui lui ont appris leurs suprêmes magnificences. Et en cela, il est bien lui, il est un portraitiste admirable, de tout savoir, et de toute conscience. Et il appar-
tient de plus à une lignée dont il se glorifie, en fils fier, jaloux
de ne pas faire décroître l'apanage transmis : excellente pro-
priété, car ses deux fils se sont voués au même autel que leur
père : l'un est graveur, l'autre est peintre.

Ce sont eux, ce sont leurs enfants, sur qui Auguste Boulard a volontiers exercé son vouloir et sa facture. Alors il
entre dans le domaine d'une famille grandiose — qui est la
sienne — avec la majesté d'un possesseur. Il suffit de regarder
ce portrait d'enfant, celui d'Auguste Boulard, le fils aîné, le
graveur, pour se sentir transporté dans une époque de beaux
gestes et de noble allure. Regardez la superbe eau-forte qu'en

a gravée Ch. Courtry, et vous aurez l'impression d'une filia-
tion avec les plus grands possesseurs de la couleur. Pourtant
quelle simplicité : un enfant mutin, debout, les mains ne
jouant qu'un rôle secondaire ; la lumière qui illumine la figure
se rappelle de chaque côté du corps en deux taches amoindries,
une faible coloration au-dessus des brodequins, un polichi-
nelle dont les vermillons et les verts trouent à peine l'ombre
du fond, et le bambin à la figure blonde, sérieuse et chérie
est le maître incontesté non seulement de la volonté du
peintre, mais de toute la certitude peinte qui émane de lui.
Regardez cette physionomie câline, cette forme revêtue d'une
enveloppe de velours, somptueuse et flottante, si conquérante
qu'elle commande aux ombres qui l'environnent. On pourrait
penser à Velasquez, si cela était présenté différemment. On
peut songer à un autre artiste dévoyé, arrivé au sommet
de la renommée, mais le rapprochement est défavorable à ce
possesseur du succès, car cette toile est d'une souplesse qui
n'a d'égale que la sévérité de sa construction. Elle entraîne,
parce qu'elle s'abrite sous le manteau de la grâce enfantine ;
elle retient parce qu'elle est un morceau supérieur d'entente
et de coloris.

Il faut rapprocher de cette peinture une autre où l'âge
du peintre n'a pu entamer aucune de ses admirables possessions d'entente, de compréhension et surtout d'affirmation
de la beauté enfantine. A trente ans et plus de distance, sans
se répéter, par des nuances nouvelles, malgré la différence
caractéristique existant entre une fille et un garçon, par une
présentation certaine du personnage, par la variation de ses
attaques, par un relief plus doux il arrive à faire que l'on se
dit : ceci est bien apparenté à cela ; le peintre a dû en conce-
voir l'ébauche dans le même temps. — Non, il y a des années,
une existence entre les deux portraits, et cette fillette en
rouge, tenant un cerceau entre ses doigts déliés, si dissem-
blable du garçon blond, est de la même famille, peut-être par

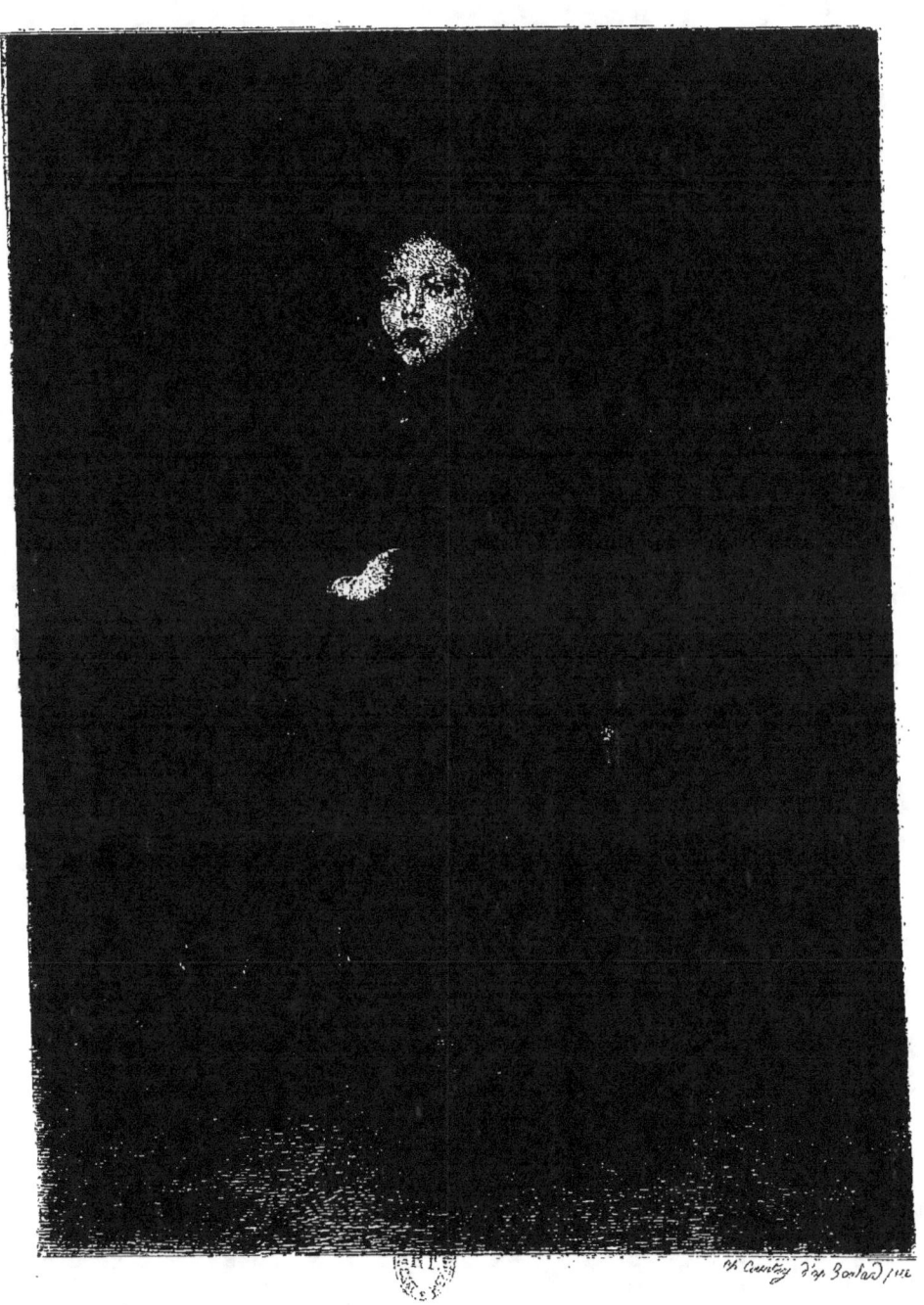

PORTRAIT D'UN FILS DU PEINTRE

le sang, certainement par l'affection de l'artiste qui les a créés au monde visuel. Que ce soient ses enfants, ou d'autres enfants, ce sont des êtres gracieux, tout pétris de beauté, dont il détermine les formes avec un amour de père, de grand-père même, car il n'a pas une peinture égoïste, mais tendre, et pleine de gestes, de caresses et d'affections.

Quel que soit leur âge, les enfants lui chantent des airs charmants qu'il aime à redire. Que ce soit un enfant tranquille, tout de blanc vêtu, appuyé sur quelque soutien caché, et montrant des mains inhabiles et gauches s'approchant d'un petit torse resserré et d'une frimousse étonnée, ou le geste impudent d'une fillette rose suçant un sucre d'orge, sans doute dérobé; ou quelque bébé extasié, aux joues pleines, ou quelque précoce rêveur, vêtu de rouge, plissant la rondeur de son front; ou une toute petite fille, vue de trois quarts, avec, dans sa tignasse châtain ébouriffée, un ruban bleu clair, se rapprochant de la lueur des tendres yeux, et formant un capricieux contour autour de la tête mignonne; que ce soient ces figurines ou d'autres, on ne peut échapper à leur attraction divine. Ces enfants ne sont pas des miracles, tels qu'ils sont produits par l'artifice du couturier et du modiste, ce sont des amas de force, de rire, de grâce, d'ingénuité et d'élégance; ils n'ont rien à reprocher encore à la vie, et désirent seulement la posséder toute. Certes leur visage est charmant, odorant et rempli de fossettes, ces nids où se perdent les baisers, mais leurs menottes menues, maladroites et volontaires déjà, sont d'adorables indications de leur caractère et de leur condition; et Auguste Boulard sait trouver dans ces frêles poignées une expression et un mouvement de prescience et de domination corroborant d'une manière entière le petit avenir vers lequel ils vont.

Rien que ce noble souci de peindre les mains et de leur faire exprimer la volonté, la puissance, ou la beauté du personnage représenté suffit à classer Boulard au rang des grands maîtres de la peinture : une ressemblance peut se saisir, un effet de lumière peut donner une illusion magnifique, mais une entente entre les divers points agissants et apparents du sujet, la figure et les mains, est à la portée de bien peu d'artistes ; leur intelligence visuelle n'allant pas jusqu'à ce rapprochement autant moral que physique. — Voici une figure de femme, elle est debout, de profil, vêtue d'une toilette grise de demi-ton ; le visage, très tendre de carnation, presque pâle, est ombré de l'ombre portée d'un grand chapeau avec une plume blanche ; ceci serait une merveille partout, tellement la recherche harmonieuse du clair-obscur fait pénétrer dans le secret émoi de cette personne d'une si haute distinction. Ses lèvres d'un si ferme dessin disent la certitude de la possession, son galbe alangui, mais contenu par la volonté souveraine d'être maîtresse de sa passion, s'affine et se modèle amoureusement ; et les mains, les mains pâles, fluides et nobles, négligemment abandonnées, révèlent ce que l'habitude du monde masquait dans le corps discipliné.

Regardez, regardez les mains dans les portraits de Boulard, ce ne sont pas des nécessités auxquelles il s'est plié, ce sont de fortes raisons qu'il exprime, et qui sont indispensables pour entrer dans la vie intime d'un de ses personnages.

Le portrait de Mᵐᵉ M. me paraît concluant à cet égard. D'une chaude carnation, nerveuse, frissonnante, quoique au repos. Elle est attentive, en elle-même, à une scène imaginaire. Un bras replié amène les doigts à fondre leurs roses délicats dans la nacre des joues : ceci est bien. Mais où l'effet est intense, imprévu, d'un caractère d'une signification absolue, c'est dans la main qui tient la lorgnette, dans un coin de la toile, en bas, comme pour remplir un espace inoccupé. Et il se trouve que cette main audacieuse, volontaire, inoubliable, ne peut plus sortir de la mémoire. Elle commande tout le portrait, elle est sa vivante paraphrase. Cette femme si belle, si caressante sous son teint ambré de rousse,

est la possédée de cette lorgnette que sa main ne peut délais-
ser, non plus que l'on délaisse la vie.

Ce portrait d'une femme plus jeune que ses cheveux poudrés ne le disent; sont-ils poudrés? ou ont-ils blanchi? et la
figure rosée est-elle restée avenante malgré soucis et années?
Qu'importe! Les joues sont fraîches, les seins sont hauts et
lutinent l'échancrure d'une robe de faille bleue, où des roses
fraîches cueillies palpitent dans l'entre-deux du corsage.
D'autres roses blondissent dans les cheveux; portrait d'une
telle grâce évocatrice que l'on pense à quelque Latour qui
aurait bien voulu revivre parmi nous. — D'une autre note,
cette femme brune, aux yeux langoureux, aux cheveux noirs,
à la peau corrégienne; et ce profil de femme triomphante,
dont les épaules s'enserrent d'une atmosphère de fourrure,
avec, au-dessus, comme un lien entre l'ambre de la chair et
la voluptueuse caresse de la loutre, une grosse pendeloque
de perle, irisée et féminine, toute chargée de reflets et d'hom-
mages. Ne dirait-on pas d'une Saskia ressuscitée sous nos
climats. — Et cette noble fille du comédien Lesueur, nièce de
Rose Chéri, quelle affectueuse ressemblance en existe pour
ceux qui l'ont admirée, dans cette vêture de fille du Nil,
toute blanche autour de son teint doré. Puis cette jeune fille
sérieuse, vue de face, vêtue de lainage rouge, dont le regard
est si expressif et si tenace; et que les doigts commentent
encore par la façon dont ils serrent les plis du corsage sur la
poitrine.

Combien de toiles pourrais-je ajouter à cette nomencla-
ture! car Boulard est un des plus voluptueux peintres qui
aient fixé dans le charme du coloris de nobles attitudes de
femmes, qui aient exprimé, avec toute la fougue de leur
palette et de leur vision, la supériorité plastique et directrice
de notre perpétuelle image de la beauté. Que deviendrait
l'Art le jour où la Femme ne le dominerait plus?

Je tiens à dire à quelle somme d'élévation, de virilité et

de puissance il est arrivé dans de nombreux, très nombreux
portraits d'hommes, — car, avec Auguste Boulard, tout est
en nombre et défie l'indication, il faudrait avoir des années
pour dresser un catalogue complet et — encore s'y prêterait-
il? — Le plus beau, sans contredit, celui qui est le chef-
d'œuvre, est le portrait de son père. Cela est de la peinture
sans âge, sans époque, sans méthode, c'est un hommage
d'une affection filiale de tous les instants. Ce n'est pas un
cri. C'est un âme. Et n'importe quel passant est subjugué de
tant de familiarité et de tant de caresse. Aucune des lueurs de
l'œil qui ne soit affectueuse; la bouche se plisse pour sourire
à des enfants bien-aimés, et le front couronné de cheveux
relevés respire la sérénité. Et pourtant ce n'est qu'une figure
d'aspect assez habituel, quelque négociant aisé, ou peut-être
un magistrat municipal, mais la foi de l'artiste a su fixer à
jamais les parcelles divines qui hantaient ce front, ces lèvres,
ces yeux, et qui existaient si bien qu'il sut les voir et les faire
reconnaître.

Mais près de cette œuvre unique, digne du Louvre, si
l'artiste s'en séparait jamais, d'autres portraits viennent se
placer sans perdre de leur éclat ni de leurs qualités intrin-
sèques. Tel est ce portrait de M. B... que je reproduis ici,
avec le concours du bon graveur Auguste Boulard. Quelle
entente de la distribution lumineuse, quelle vigueur de
touche, quelle solidité de structure, et surtout quel harmo-
nieux morceau de peinture! Cela intéresse comme un beau
paysage, c'est une vue qui se prolonge dans l'existence intime,
qui lui en crée même une, et c'est sous ce jour qu'il est
désormais connu. Voici le portrait du peintre Joseph Blanc,
à la figure forte, à l'air placide et joyeux; puis, celui du
peintre Chantalat, figure rêveuse et fine, à qui l'on doit d'avoir
organisé l'exposition des œuvres de Boulard à la galerie
Georges Petit (juin 1896); et encore ce Pyrénéen, coiffé du
béret traditionnel, gamme en blanc majeur, le costume étant

blanc aussi, non d'un blanc de communiante ou de neige,
mais d'un blanc doré de toison d'agneau; celui-ci est
M. Georges Mottu, physionomie très moderne, un peu chauve,
la figure de profil, et une cigarette en main... souvenir
agréable au portraitiste. Puis... puis vingt autres, de tous
formats de toute construction colorée, de toute dégradation
et de toute affirmation lumineuse, depuis les capiteuses
brumes du clair-obscur jusqu'à l'éclairage le plus complet et
le plus violent; avec des recherches, des caractères, des
notations où la valeur individuelle du portrait vient éclater
dans la fermeté, la beauté et la possession du style.

Cette si clairvoyante manifestation de la personnalité tra-
duite dans le portrait, qui va depuis l'émotion jusqu'à la
satisfaction la plus esthétique, elle est due à l'observation
stricte d'une loi générale harmonique réglant les rapports
des plans entre eux, et se rattachant à un centre de lumière
où tous les modelés vont chercher leur perspective et leur
contour. Mais s'il est commode d'en remarquer l'existence,
d'après l'examen des œuvres, il faut une haute qualité de
talent pour qu'elle puisse se noter, avec toutes les transfor-
mations dont chaque objet, chaque personnage, chaque groupement est l'origine spéciale, sans déroger à un principe
unique.

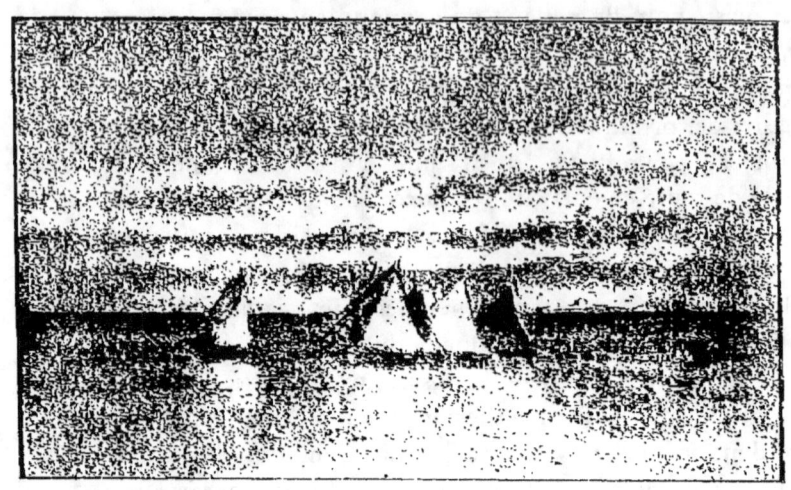

LA MER

Dans l'œuvre d'Auguste Boulard, une fraction très importante — elle correspondrait aisément à la production d'une existence de peintre de marine, classé, recherché et porté au pinacle — est consacrée à l'étude des flots dans leurs brutalités et dans leurs tendresses; aux éclats merveilleux du soleil luttant contre l'immensité des nuages, du ciel et de la mer; aux gens qui vivent de ce sol fuyant et de ses fugaces moissons.

Quand il partit, vers 1865, pour s'installer à Cayeux, le bourg était composé de vieilles masures de pêcheurs, d'une église en briques roses avec un lourd clocher d'ardoises, trapu et méfiant des vents du large. Tout autour, vers la terre, des fermes disputant au sable l'intégrité de leur sol, des dunes se modelant en replis changeants, quelques arbres, vestiges des forêts disparues, et, mordant à même la grève, la mer, l'immense mer, qui attire maintenant tous les désœuvrés et tous les actifs, et qui à cette époque n'était hantée que par les rêves légendaires, les barques pontées, les matelots, et recherchée pour toute cette variété d'aspect par les poètes et les peintres. Ce sont ces natures capricieuses et vibrantes qui, en chantant la grande Inconnue, ont fait surgir des parcs Monceau sur chaque falaise et des théâtres, spectacles peu comparables à celui qui s'y donne chaque jour, au bout de chaque jetée. Cayeux a un peu échappé à cette frénésie de construction, d'emprisonnement de l'air entre des murs ridicules sans couleur et sans solidité, mais là, comme partout, que peut importer cette avalanche de briques et de plâtras et de bien petits personnages, devant la puissance illimitée de l'étendue marine! Et les hôtes momentanés, apportant avec eux tous les ridicules, toutes les ostentations, toutes les facticités de leur existence urbaine, quelle allure piètre et mesquine ils conservent près des habitants dépossédés, mais fiers, vivants, si près de la Nature, s'y fondant si bien qu'ils en ont conservé l'aspect rythmique?

C'est à ces spectacles, à ces gens de mer robustes et pittoresques que notre peintre a demandé les motifs saisissants de ces tableaux de paysage de mer où il est arrivé à concentrer tout l'effet des plus brillants artistes.

D'abord, quand il vint avec Dupré se fixer à Cayeux, ce fut une longue étude du mouvement irradiant de la lumière à travers l'espace infini, sans autres bornes que l'horizon lointain, si lointain qu'il dépasse la puissance visuelle du regard, ce fut une lente assimilation des causes colorées qui se déroulent dans la magie des nuages, une amoureuse conquête de ces formes changeantes, jetées comme de vivantes draperies sur la forme inflexible du ciel. C'était un rapprochement entre cet éclat atmosphérique, si enveloppé dans son intensité, avec la brutalité et la sécheresse de l'air des vallées et des bois, et pourtant ceux choisis étaient déjà un peu touchés de cette langueur, qui leur arrive de cette même mer, où notre peintre était venu se fortifier dans cette reconquête de lui-même où il ne devait plus faillir.

Comme il connut, comme il aima cette étendue, et combien toutes les images qu'il en a fixées, ont le sentiment de cet amour et de cette longue union! C'est une langue caressante qui cause : elle dit des choses qu'elle a déjà dites hier, et qu'elle redira bientôt, mais les termes ont un sens si affectueux qu'ils se nuancent d'inflexions que l'on n'avait pas d'abord perçues, et qui sont peut-être toutes neuves, mais qui succèdent à d'autres qui les valaient, et dont on n'a pas pu oublier la touchante sincérité.

Entre son pinceau et le spectacle de la mer, il s'est établi une communauté-familiale toute basée sur un charme réciproque : car je ne puis croire que les aspects que nous supposons insensibles n'aient pas une façon d'âme qui entre en communion avec notre volonté, et qui après l'avoir contemplée, et scrutée, lui dévoile les causes de ses harmonies.

Pour Boulard, cette coïncidence entre lui et les motifs qu'il recherche existe vraiment, et il est rare, si rare, que la nature ne lui révèle pas d'un mouvement attendri qu'il a devant lui la composition cherchée...

Aussi, les brosses en main, va-t-il à la traduction des éternels recommencements de la matière, sous ses formes tangibles, sous sa volonté impalpable. Des bateaux légers, toutes voiles dehors, dansent sur les crêtes blanches des vagues; ils sont sur le meilleur terrain de pêche, le ciel est à peine nuancé de nuages folâtres, et les filets traînent par le fond. — Le soleil se couche et la mer est étale; la nuit est proche, de langoureux rayons filtrent encore sur les brumes qui montent et se rejoignent; essayant de reconquérir l'espace qui leur échappe, ils désagrègent vainement quelques vapeurs, les colorant, les irisant, fragmentant leur substance, boule-

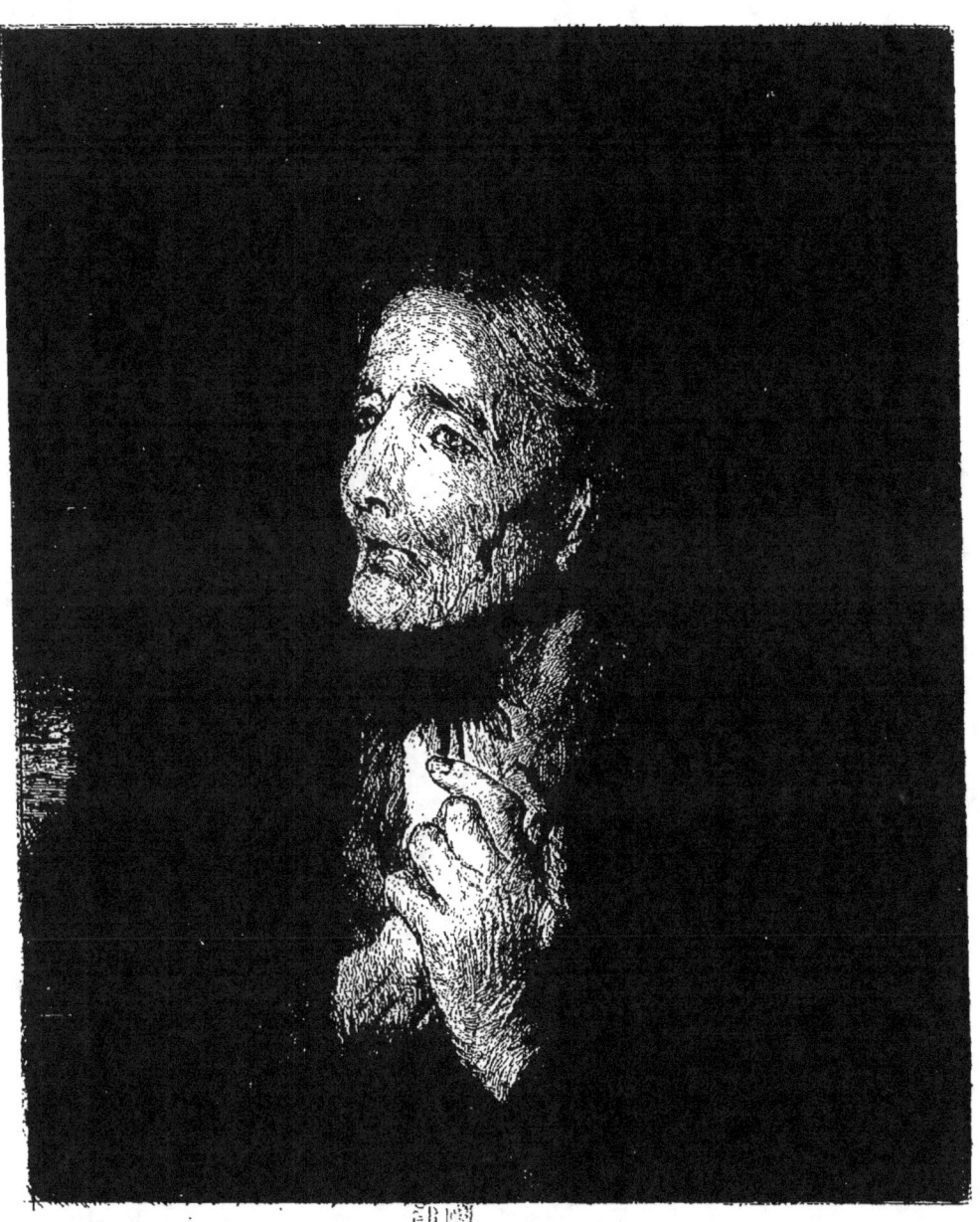

LA DOULOUREUSE ATTENTE

versant leur contact, luttant de toute leur puissance vibrante
contre cette retraite à laquelle on les force. Et comme ce
sont les derniers efforts de leur souveraineté, ils les parent,
les embellissent, les magnifient, et le flot calmé et chatoyant
reçoit tendrement cet ultime baiser.

Les barques gagnent le large, elles chassent devant l'orage,
leurs mâts souples plient sous un souffle rude, et la houle
courroucée tend la toile. Des bouées indiquent un chenal,
un écueil aussi parfois, et le patron, l'œil aux sautes du vent,
la main à la barre, jette à ses hommes un commandement
bref. Cela est la lutte. On en sera quitte pour ne pas regagner
demain son hâvre d'attache. — Le bateau a coulé à fond, ses
planches désemparées flottent dans les remous, le flot rageur
mord un autre flot, le dépèce, l'engloutit, emplissant tout
l'espace de son haleine féroce, il est vainqueur, bien vainqueur, il jette sa salive au ciel masqué, il est bruyant, sau-
vage, tortionnaire, il se déchire avec volupté pour mieux se
prouver son pouvoir, et il le marque dédaigneusement en reje-
tant à la grève l'épave de ce pêcheur qui a voulu l'enfrêner.
La pauvre loque humaine, lamentable et fragile, comme elle
tient peu de place au bout de cette petite vague, issue de
grandes, qui lui sert de suaire !

Boulard a scruté la mer sous tous ses aspects. Il a eu
une égale tendresse pour les flots remuants pour la vaste
unité du calme. Il fait filer des voiles sous le ciel nacré,
comme il les fait fuir dans les profondeurs de la tempête. Il
est le poète de cette chanson de batailles, où les refrains se
mêlent aux accalmies. Il sait s'intéresser à ces hommes vail-
lants qui lâchent un juron, mais qui ont la poigne franche,
et c'est d'une entente cordiale que sortent toutes ces toiles où
la vie maritime d'un petit port de pêche est notée avec effusion. O ! il ne farde pas ses compagnons, il ne leur accorde
aucune élégance apprêtée. Il leur conserve leur saveur saline,
leur roulis de barque chavirée, leur geste ample et mono-

tone, et la crainte solitaire du sol terrien, qu'il faut accoster, pourtant, pour y vendre sa prise.

La barque est tirée sur le sable, les crieurs jurés remplissent leur office d'une voix agrippée, aux sons déchirés, et les femmes, les matelotes, supputent la somme qui reviendra à la maison dans cet amoncellement de chairs roses, bleues, noires, semées de rocailles et de varechs où il y a la part de leur homme. Les gosses piaulent, se taraudent, et la bonne taloche maternelle armée d'un bas au tricotage en train ramène l'équilibre, sinon la paix, car les enfants d'ici sont fils des nuages et des vagues, et ont leurs colères et leurs brusqueries, mais ils valent bien les enfants de partout.

Les femmes gueulent. La part est mauvaise. Le patron est fourbe. Des poings se montrent, des injures pleuvent, des jupes de futaine se soulèvent sous des croupes puissantes, et cet orage de paroles et de gestes désordonnés s'apaisera quand on dira la part égale de chacun. — Elles sont maintenant à la poissonnerie, elles vantent leur lot, et malheur à la ménagère malavisée qui rechigne au prix, ou qui émet un doute sur la fraîcheur du poisson, l'honneur corporatif est en jeu, les poings s'appesantissent aux hanches et le vocabulaire ordurier secoue les planches de la halle, car toutes s'en mêlent.

La vieille attend. Sa figure ravagée, aux cheveux gris, aux yeux perdus de résignation, de patience et d'angoisse, répétitions qui ont rongé l'enveloppe des paupières, scrute un horizon d'où rien d'heureux ne doit venir. Les mains osseuses, aussi décharnées que la joue et le menton, se croisent et se serrent dans une prière pleine de doute, semée de distractions chimériques. Elle attend, la vieille adossée au rocher baigné par les embruns. Une lueur est sur la mer qui tient un tout petit espace. Et c'est cette lumière agrandie par l'espérance, lumière de souffrance et de misère morale qui vivifie cette figure de pauvre femme, souffreteuse, aux vêtements de deuils perpétuels. Cette image douloureuse et magni-

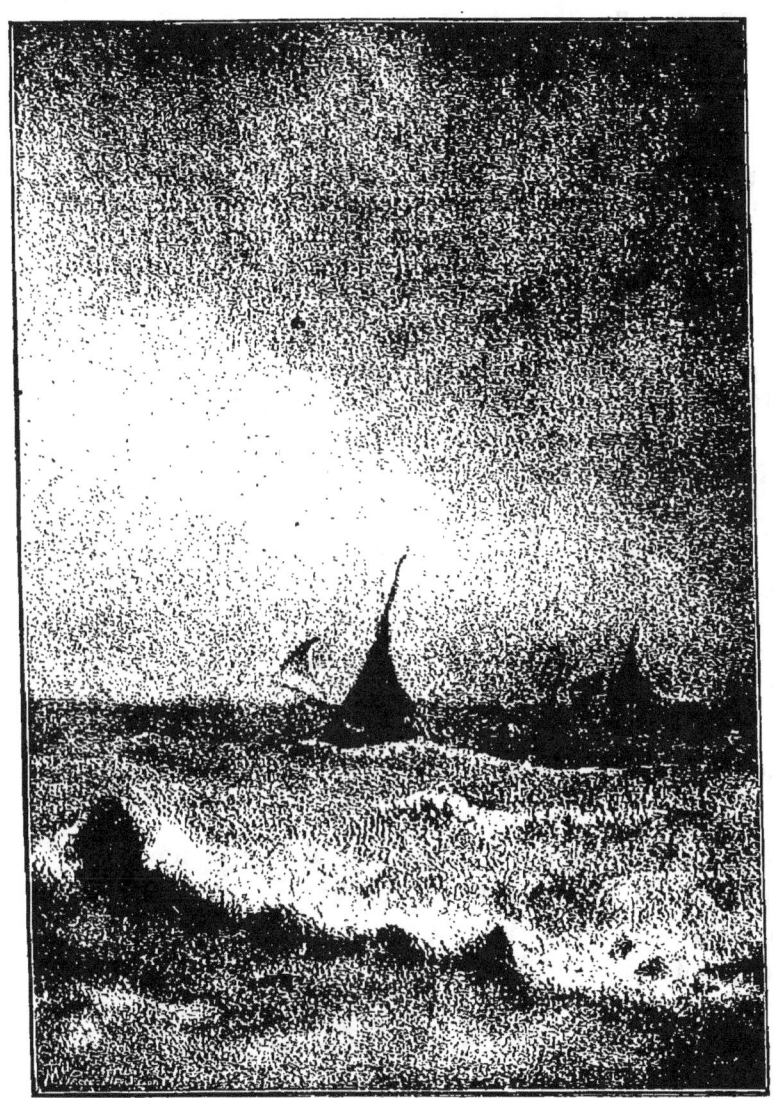

MARINE

fique n'est pourtant née que d'une physionomie ordinaire, sans lignes admirables d'après la convention adoptée pour la beauté, et pourtant elle est très belle, parce qu'elle contient en elle sa force expressive, sa raison d'être et les seuls traits du visage que la passion du devoir a marqués en reliefs surhumains. Ce n'est plus une humble pêcheuse. C'est l'effroyable regret de tous ceux péris en mer.

Cette jeune fille, aux cheveux rejetés par le vent en voilure sous la coiffe blanche, la lorgnette à la main, elle ne scrute pas dans l'horizon perdu des désastres possibles. Non, elle est sûre de son destin : celui qui doit revenir reviendra, et la belle carnation de son teint ne souffrira pas l'atroce trace des larmes inessuyables. Voilà par quelles oppositions de personnages, de faits, de sensations, le talent de Boulard se donne libre jeu. Il est fanatique de cet éclairage des flots qu'un moindre souffle modifie et dont il faut une longue étude pour saisir l'aspect. Il aime le ciel où courent les nuées lourdes, et les cirrus légers. Il cherche dans les pas cadencés des femmes sur la mollesse du sable ou sur les arêtes vives du granit, la beauté de ces races primitives, destinées à disparaître rapidement, il les redit avec fidélité, les étudiant sans cesse.

Et quel que soit le procédé qu'il lui plaît d'employer, au moment où la composition se formule sous son regard et se traduit sous sa main experte, c'est un hommage qui naît, brillant, concluant, déplorant les terribles souffrances des vaincus, ou chantant les joies des flots en fête, mêlant leurs tissus opalins sous la majesté du soleil, et disant quand même, malgré des regrets encore remplis de tendresse, l'admiration sans réserve qu'il a inscrite dans les meilleures toiles qui soient de lui, car elles ont été baisées par le grand souffle de Mer.

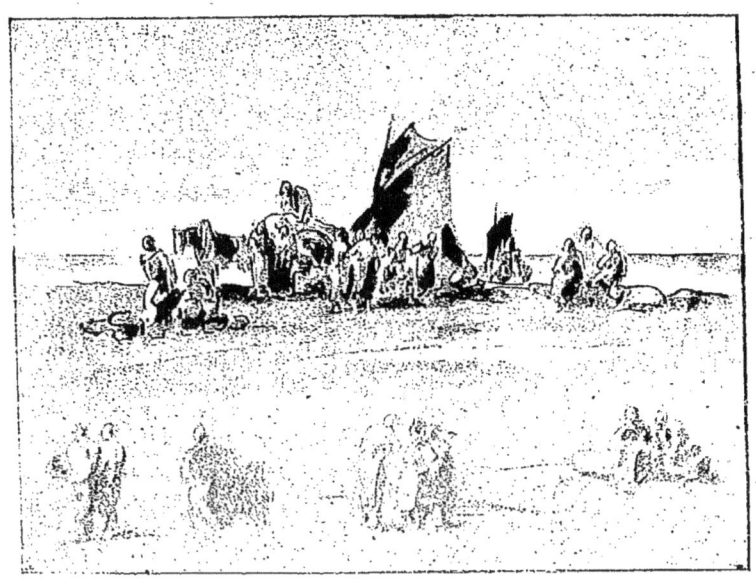

COMPOSITIONS — OEUVRES DIVERSES

Pour des motifs de méthode, je n'ai compris dans chacune des catégories du Paysage, du Portrait, de la Mer, que les tableaux qui en relevaient d'une manière absolue. Ces chapitres sont assez compacts pour qu'ils soient allégés d'une foule d'incidentes heureuses, mais si nombreuses, si variées, si touffues qu'elles eussent emprisonné le point principal qu'il importait d'établir, et qui se marque bien en ceci : c'est qu'il ressort de ce travail fabuleux une absolue maîtrise de peintre.

Quand le soir était venu, l'artiste se répétait les leçons du jour, il marquait pour lui, pour lui tout seul, les phases lumineuses dont il avait intercepté le passage ; il composait

d'après ses souvenirs, d'après ses notes, une masse de leçons
ardues qui lui donnaient, suivant un terme accepté, le *méca-
nisme* de son art; c'étaient les formes hâtives soulignées sur
le papier d'un trait indécis qu'il fallait démêler et faire revivre
avec leur action, leur mouvement et leur ambiance; c'était
un imperceptible frissonnement des feuilles sous la pluie,
c'étaient les sables et les falaises subitement caressés d'une
lueur tombée d'un ciel trouble, c'était une clarté née dans
une pauvre cour de ferme, dans l'intérieur d'une masure,
perçant à grand'peine des carreaux embrumés de crasse, et
faisant saillir, toutes roses, les fesses de quelque marmot gro-
gnant d'être couché sur les genoux de sa mère. Cela ne pouvait s'omettre, et il fallait en délimiter l'abondante et subtile
foison par un choix rigoureux, indiqué par la seule mise en
œuvre : ainsi s'éliminent les matériaux mauvais ou de bas
aloi, car ils ne peuvent résister au contact des bons.

Toute sa mémoire se hâtait de se souvenir des rencontres
caractéristiques dont il fallait enrichir les feuilles volantes.
Ce souvenir une fois marqué, il était nécessaire qu'il ne fût
pas seulement une note isolée, quelque pauvre scarabée dont
un entomologiste a négligé d'étudier l'espèce, mais bien
un index tangible où se pouvaient consulter et se retrouver
les motifs surabondants que l'on confinait en un chapitre,
déterminé pour la table des matières. Et c'est par cette pa-
tiente appropriation du ton et de la valeur, par cette perpétuelle notation des bruits qui faisaient vibrer sa palette, que
toute son œuvre se tient en une si parfaite unité.

Près de cette lecture quotidienne et de cette annotation
du bréviaire des faits de la vie, il s'accordait volontiers de
composer sur une figure bien plaisante, sur une scène intime,
une suite de tableaux où l'effet ne se différencie presque pas,
tel un appartement dont les chambres bien connues ne nous
semblent pas changer d'aspect, malgré la déclinaison des
heures. C'est toujours le même emplacement, les mêmes

meubles, la même intimité, la même atmosphère personnelle où chacun de nous a dégagé les sentiments qui nous dirigent ; seule la gradation lumineuse suit son cours. De ses scènes d'intérieur il existe quatre, cinq représentations, éclairées d'une lumière venant de la même ouverture, mais dont l'action s'est étendue ou condensée.

Les maisons de pêcheurs de Cayeux, vieilles constructions aux cheminées géantes, dont l'ouverture touche au plafond, presque sans hotte saillante ni tablettes pour recevoir les bibelots rares et les chers objets usagers venus des vieux parents ; avec les poutrelles du plafond, saillantes et robustes carcasse vaillante faite pour résister au *noroît*, et, sous cette enveloppe trapue, le lit familial drapé de serge, et grouillant dans la pièce maman et marmaille, voilà le spectacle qui l'intéresse sans arrêt. De ces bicoques ayant un parfum de vieux bois brûlé et celui plus subtil des générations qui y ont vécu, il dégage une scène reposante, et honnête comme la vie. Ce sont galopins hardis demandant la becquée, ce sont enfants s'approchant du feu flamboyant, c'est une porte ouverte laissant le soleil dorer le carreau du sol, et miroiter dans l'armoire de merisier ; c'est une vieille fileuse, dont le chanvre attaché aux solives solides se dévide au rouet, c'est une gardeuse d'écoliers, en son taudis, gourmant son petit monde. Cette peinture faite sans aucun esprit critique, mais pour les reliefs d'ombre et de clair-obscur qui se dégage du pullulement de petits êtres dans cette façon de bouge, peut néanmoins servir à retenir l'enthousiasme dont on se pare pour les écoles de village d'autrefois, ou pour ce qui en tenait lieu. C'est, dans une haute et vaste salle de ferme, le montreur d'images, tirant devant des yeux éblouis toute sa cargaison d'estampes de Lille, d'Arras et d'Épinal, et les chefs-d'œuvre, dans le genre historique, venant de la rue Saint-Jacques : Aventures du Juif-Errant coudoyant la vie de Poniatowski, et la douce légende de Marie-Stuart bouscu-

lant le casque de Bélisaire ! — Ce sont des enfants qui montrent Guignol, des enfants de chœur hurlant à l'unisson un
plain-chant, liturgique seulement en sa foi, des écoliers qui
se pressent pour le catéchisme, et qui, en sortant, se talochent
d'importance, évidence de la pénétration des maximes évan-
géliques. Enfants qui vivent, qui bougent, qui animent tous
ces intérieurs bien modestes, mais tant aimés par le peintre
qui les orne sans cesse d'une magique caresse de coloris.

Les enfants sont aimés de Boulard qui, en cela, élève des
Flamands et comme eux esclave de l'idée familiale, a toujours tenu à s'entourer de chers marmots : les siens doivent
figurer dans plus d'une scène de ce genre. Et comme il est
pour l'enfance tout affection, et qu'il ne cesse jamais d'être
un coloriste et un compositeur, il ne bichonne pas ces mi-
nuscules personnages, il les voit turbulents, rapaces et très
câlins, tels qu'ils sont. Les vêtements déchirés, crottés, ou
mal mis en place, ne faut-il pas qu'ils s'amusent? ces chéris.
Infailliblement on pensera aux meilleurs Hollandais, en
voyant ces exquises compositions ; elles ne sont pourtant ni
de la même facture, ni du même ordre, mais elles sont la
même et tendre divination des groupements enfantins, et
des fortes lignes de paysage incluses entre quatre murs, se
groupant, se massant, formant tableau sous la direction de
la lumière.

Des portraits non terminés lui ont servi pour d'adorables
groupements, et malgré que je ne puisse les analyser tous,
je veux dire quelle profonde admiration je ressens à la vue
des deux jeunes filles se rapprochant si près l'une de l'autre
en une mutuelle confidence. Leur déshabillé léger et can-
dide dégage la sveltesse des formes, et une main venant
frôler une épaule se marque comme une délicatesse nouvelle.
Presque pas d'éclat dans cette peinture, des tons fins et fon-
dus, un éclairage imperceptible, et de cet ensemble nuancé,
amoureusement choyé, vient à l'esprit le charme inconnu et

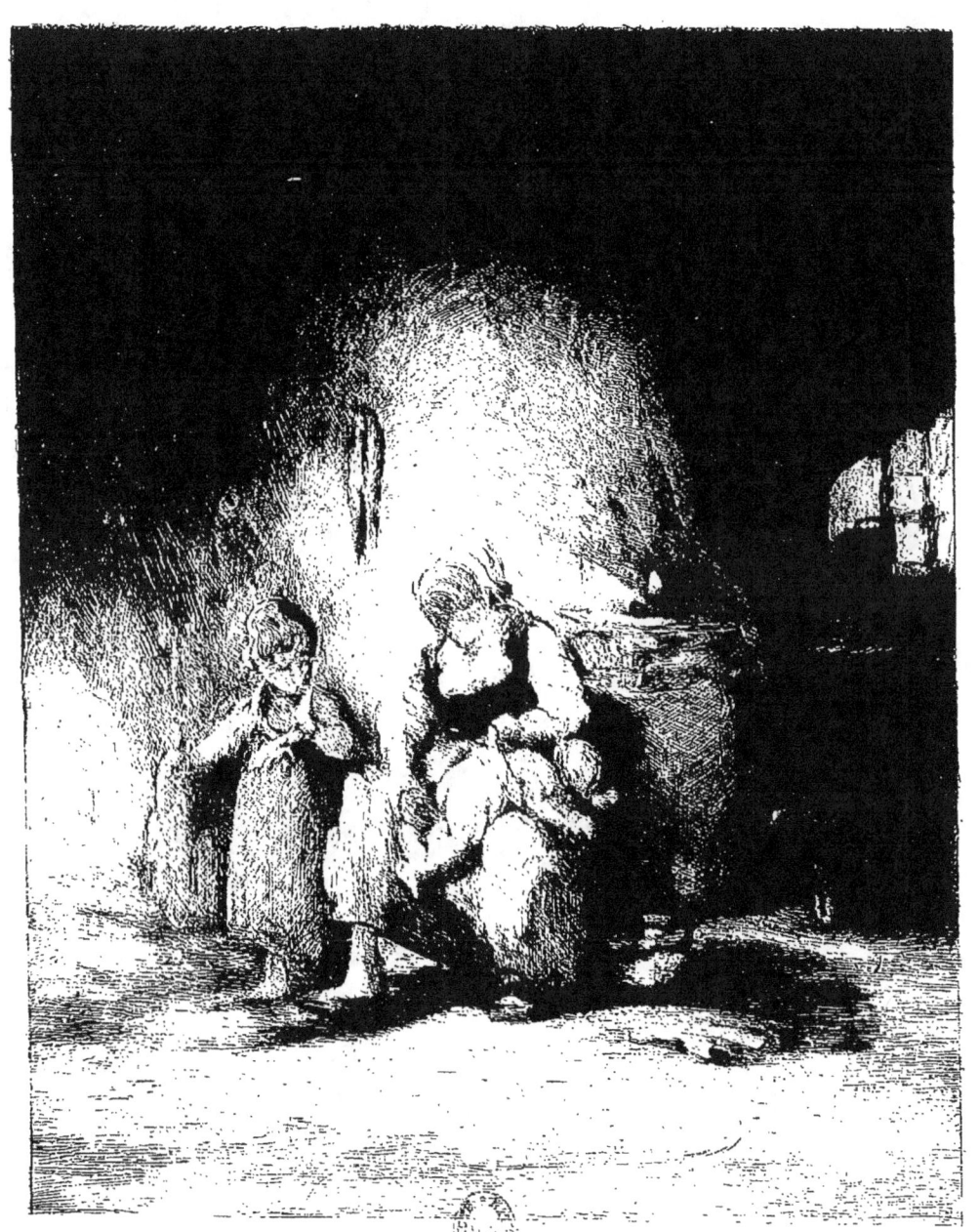

SOINS INTIMES

pénétrant des éclosions de rêves imprécis, des confidences muettes, des besoins d'aimer qui sont dans les jeunes filles, et qu'elles ne veulent pas dire pour avoir le bonheur de les faire deviner. Cette peinture, libre, inachevée même, se rapproche des perfections les plus connues du xviiie siècle, si elle n'est pas dans le style ni dans la manière de cette époque, elle en a l'esprit et l'intelligence. Ce sujet est encore de ceux qui touchent le plus près aux préférences intimes du peintre, car il en a répété l'ensemble sous les mêmes physionomies et la même attitude dans la jeune fille effeuillant des marguerites. Il a, dans un autre cadre, ajouté une *remarque* à son épreuve.

Quoiqu'il veuille exprimer dans le domaine qui lui est dévolu, il le fait après une foule d'études préalables. Quand il ne s'agit pas d'une vision directe, c'est-à-dire un portrait ou un paysage, marin ou terrestre, et encore en dégage-t-il la plus grande somme expressive, il s'attache à ne représenter que des sujets qui lui sont familiers, qui existent, mais sous une forme d'intérêt moindre que celle qu'il a concrétisée : c'est sa mémoire, sa perpétuelle observation qui rapprochent les faits entre eux. Ils ne s'étaient pas rencontrés. Mais aucune force, aucune raison ne s'y oppose, et le peintre apporte cette union. Union favorable, indiscutable, puisqu'elle est immédiatement admise pour sa logique et sa belle entente. Ses compositions partent donc toutes de sensations vécues, d'apparences extérieures solidement contrôlées, et de fusions de nuances et d'objets non disparates, car leur jonction est fréquente d'ailleurs, mais sans que nous ayons démêlé l'importance avant la figuration peinte qui nous en est donnée.

Et si les compositions de Boulard ont une si franche entente des conditions de la vie, c'est que tous les matériaux qui y pénètrent ont été polis du même geste affectueux. Il sait la structure humaine il connaît les conditions de la marche et du déplacement atmosphérique qu'elle entraîne,

il a scruté les vieux murs, il a rêvé de la magie des flots, il a
dit la majesté de la forêt, mais il n'a pas négligé la vêturé, il
a appuyé telle démarche de femme de sa condition essentielle,
il a habillé les intérieurs de matelots d'une tenture de clarté,
il a copié les poissons sortants des paniers, il a dessiné des
fruits, des oiseaux et surtout des fleurs. Et quand il lui plaît
de donner à un de ces agréments une place prépondérante,
soit que l'objet soit beau en lui-même, ou permette une
nouvelle interprétation de la forme lumineuse, il s'y donne
entièrement. D'où le grand nombre de *natures mortes* qui
existent parmi ses tableaux: c'est la preuve parlante qu'aucune
de ses compositions n'est faite de chic, puisqu'il s'est donné
la peine d'apprendre, toute sa vie, la place que tenait un
pétale de rose sur une pierre moussue.

Oh! les roses, les roses doubles, les roses royales et les
schématiques églantines, combien il les aime. Il en groupe
dans ses paysages, il leur accorde toute la valeur d'un tableau,
il les rapproche et il les éloigne pour aller d'une senteur à
un bouquet de parfums; il les fait éclater sous des pourpres
ou s'alanguir en des teintes rosées. Tantôt elles sont seules,
dans un verre de cristal, dans une potiche de faïence, tantôt
elles se marient à d'autres fleurs plus humbles, d'autres fois
elles tombent des buissons pour les passants hasardeux, qui
emportent au moins un baiser ardent pour oublier la lon-
gueur de la route.

Les fleurs des champs ont inspiré le peintre, il fait les
coquelicots, les marguerites, les renoncules, les bleuets, les
primevères d'une manière exquise. Et telle branche de lilas
montée dans un grand verre est une peinture merveilleuse à
l'égal du plus beau portrait.

Des pommes dans un plat d'étain, et Chardin a un
successeur. Des fraises dans un panneret, des groseilles dans
un autre, et toute la fraîche acidité et toute la capiteuse senteur de ces fruits vous vient en souvenir. Non que ce soit

un trompe-l'œil, il ne s'abaisse pas à cet artifice, mais il se paie d'exactitude et d'entente, et il tient à prouver qu'il n'y a pas de matières ni de sujets inférieurs pour le peintre, il n'existe que ceux qu'il peut faire vivre.

Dans ses peintures, les natures mortes tiennent une belle place, mais qui est encore augmentée par le nombre vraiment invraisemblable de gouaches et d'aquarelles qu'il a traitées d'après ces sujets chéris ; cette manière de procéder lui est d'ailleurs familière pour se donner une impression nouvelle d'un éclat de lumière fixé dans sa peinture.

Il est heureux de pouvoir se montrer à lui-même qu'aucune des ressources de son art ne lui est indifférente, et il regarde d'un sourire heureux les différences que la méthode employée vient de créer entre ses œuvres.

Et dans sa solitude maintenant vaincue, il reporte à Dupré et à Corot les mérites qui sont en lui, et qui en font un des plus beaux peintres personnels de notre sol et de notre race.

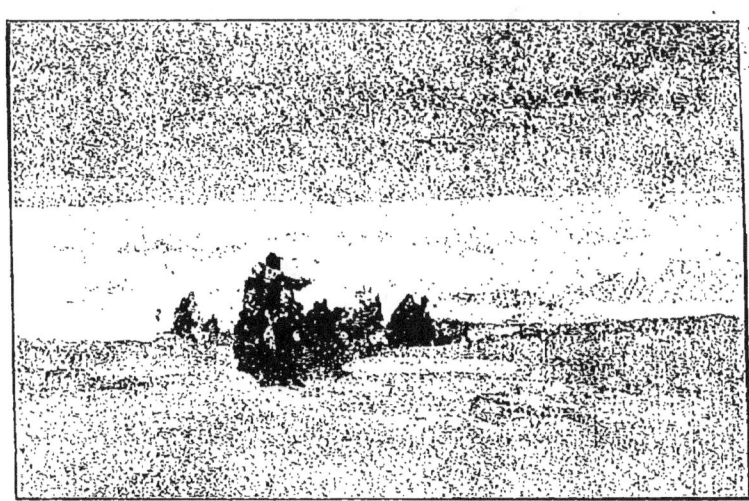

IMPRIMÉ

PAR

CHAMEROT ET RENOUARD

19, rue des Saints-Pères, 19

PARIS

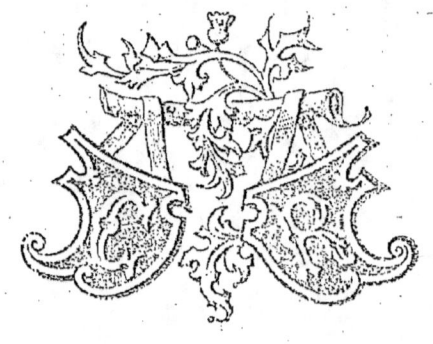

www.ingramcontent.com/pod-product-compliance
Lightning Source LLC
Chambersburg PA
CBHW071418220526
45469CB00004B/1324